Guide de randonnée

Conseils... et astuces

Patrick Huet

Édition : BoD – Books on Demand,
12/14 rond-point des Champs-Élysées, 75008 Paris
Impression : BoD - Books on Demand, Norderstedt, Allemagne

ISBN : 978-2-322-41048-4

TABLE DES MATIÈRES

Introduction.. Page 7

1 – Le matériel... Page 9

2 – Risques du terrain, de la météo
et autres désagréments de la marche........................... Page 43

3 – L'hygiène.. Page 61

4 – Soins et dommages corporels............................... Page 65

5 – L'eau.. Page 71

6 – Les Bêtes.. Page 73

Conclusion.. page 77

Citation et nouveautés...................................... page 79

Introduction

S'il est une activité actuellement en plein essor, c'est incontestablement celle de la randonnée.

On regroupe sous ce terme un ensemble de disciplines variées allant de la sortie du dimanche dans de jolies forêts bien entretenues à la traversée de régions inconnues, escarpées, sauvages où votre propre nourriture dépendra de la réserve de votre sac à dos et de votre habileté à capturer des proies comestibles.

Le matériel d'équipement et les points à observer ne seront pas les mêmes selon que l'on se situe dans un contexte de promenade ou de petite sortie de quelques jours que pour une randonnée de l'extrême.

Toutefois, certains conseils de base sont identiques quelles que soient les circonstances de sa marche.

Pour ma part, avant d'entamer des périples sur un mois complet d'expédition, je n'avais l'habitude que de sorties sur une journée (de trente ou quarante kilomètres) où je dormais dans un lit le soir sans nécessité de lourds équipements et sans poids sur les épaules. D'où l'expérimentation sur le vif des erreurs à ne surtout pas commettre si l'on veut apprécier son escapade de quelques jours ou de quelques semaines en pleine nature.

Ces erreurs à éviter absolument, je vous les dévoile. De même que les astuces apprises au fil de mon expérience. Elles sont tirées de mon propre vécu.

Pas à pas, j'ai longé le Rhône du glacier à la mer, puis la

Saône de la source au confluent, et ensuite la Seine de la source à la mer. Sans compter nombre de sorties aventureuses de courte durée.

J'ai marché sur le glacier du Rhône et rampé vers ses crevasses, gravi des falaises, dégringolé des raidillons abrupts à flanc de montagne, titillé des gravières et percé des chemins à travers des bois dépourvus de sentiers et des champs d'orties plus hautes que ma tête.

Et j'ai marché, marché... sous des canicules écrasantes et sous des avalanches de pluie qui n'en finissaient pas de se déverser.

Ce petit guide ne dessine pas la totalité de ce qu'un randonneur devrait connaître pour évoluer à son aise sous tous les climats de cette planète, des glaces de la banquise au désert du Sahara. Disons qu'il représente une somme d'expériences au plus près du terrain qui conviendra aux randonneurs de nos latitudes.

Certains de ces conseils paraîtront si ridiculement simples qu'ils en sont presque risibles.

Mais lorsqu'on se retrouve avec des ampoules énormes qui nous dévorent de douleur sous les pieds, et à 10 km d'une habitation, on regarde différemment ces simplissimes conseils. Notamment cette astuce toute bête qui permet d'éviter des kilomètres de torture et la peau déchirée et retournée à vif quand le gonflement des ampoules dépasse l'élasticité de l'épiderme (du vécu !).

Voici donc les conseils et astuces qui vous permettront d'apprécier au maximum les sorties que vous effectuerez. Petite escapade ou longue randonnée, les bases sont toujours les mêmes.

Bon voyage !

Chapitre 1

Le matériel.

Les chaussures

La partie du corps la plus sollicitée au cours d'une randonnée c'est bien évidemment les pieds. D'où la nécessité d'être convenablement chaussé. J'insisterai jusqu'à préciser « être chaussé à la perfection ».

Les deux pieds d'un individu ne sont pas toujours totalement identiques. Pour certaines personnes, ces différences seront imperceptibles à l'oeil nu, pour d'autres, l'un des pieds sera nettement plus musclé. Il faudra donc choisir des chaussures en se basant sur le pied le plus volumineux si cette différence est vraiment marquée.

Le mieux est de se rendre dans un magasin de sport spécialisé. En outre, ils disposent en général d'un petit espace (un tas de roches par exemple) et où l'on s'exerce à marcher en terrain difficile.

N'hésitez pas à tester plusieurs paires de chaussures pour être sûr que vos pieds y reposent confortablement. Si votre pied le plus musclé s'y trouve à l'aise, l'autre le sera forcément.

Sandales de marche
Quelques-uns préfèrent les sandales de marche. Elles ont leur avantage et leur inconvénient.

- Avantage : le pied est à l'air libre. Une chaussure classique enferme le pied en totalité. En été, le pied bout comme dans une étuve. Il s'ensuit transpiration, chaussette trempée en permanence, par moments bouillon de bactéries, peau qui se cloque parfois et... odeurs fort caractéristiques et nauséabondes.

L'usage d'une sandale évite ces désagréments. Et si des ampoules surviennent (là où frotte le cuir de l'attache) ou plus probablement un morceau de peau qui brûle et s'arrache, un petit pansement de sparadrap remédie sur-le-champ au problème.

- Inconvénients :

1) Les cailloux s'y logent facilement (mais d'un doigt, on les déloge tout aussi aisément).

2) Lors d'une marche dans la rocaille ou sur un sentier accidenté, vous vous piquez le bout des orteils. Idem en cas de végétation épineuse ou sillonnée d'orties.

En conclusion, les sandales conviennent pour des randonnées sur des voies déjà tracées (allées de sous-bois, chemins de campagne...).

J'en ai porté une fois. Lorsque j'ai parcouru un pré sauvage parsemé de tiges rigides et piquantes qui s'enfonçaient avec un malin plaisir dans le gras de mon pied, j'ai vite compris mon erreur.

Le port des sandales dépend du type de terrain arpenté.

La semelle : l'élément primordial.

Si vous effectuez vos achats dans un magasin de sport, les étiquettes vous indiqueront la résistance de la semelle et sa destination (pour les promenades en ville, pour un terrain abrasif ou pas, rocailleux, etc.).

Si vous ne voulez pas voir l'épaisseur de vos semelles se

réduire à un simple film et disparaître pour laisser vos talons à découvert (du vécu), vérifiez les étiquettes (ou auprès d'un vendeur) qu'elles sont « résistantes à l'abrasion ».

Si vous habitez une petite commune sans magasin spécialisé, n'accordez qu'une confiance limitée aux déclarations du fabricant, mais davantage à la trace de votre ongle sur la semelle. Si elle résiste à votre ongle et si son élasticité reprend son apparence après passage, excellent. Si votre ongle y creuse un sillon, mauvais signe. Autant l'éviter. Cela signifie que les pierres, cailloux et les accidents du sol vont en élimer la matière à grande vitesse.

Le fond intérieur de la chaussure

Votre chaussure sera l'outil principal et essentiel de votre aventure. Par conséquent, il n'est pas inutile de s'interroger sur le fond interne de celle-ci. Cette partie de la chaussure porte certainement un terme technique que j'ignore. Pour être compréhensible, j'utiliserai des mots courants.

Lorsque l'on réalise une coupe de la plupart des chaussures, nous avons souvent une première pellicule (que je nommerai la semelle intérieure) puis selon les fabricants différents matériaux techniques (par exemple des bulles d'air) et enfin la pellicule extérieure que je nommerai la semelle extérieure.

Faites très attention à ces matériaux situés entre la semelle intérieure et celle extérieure. Surtout, évitez le système constitué d'alvéoles. Vous savez comme celui qui sépare les cartons ondulés. Ce système ressemble à celui des nids-d'abeilles. En résumé, dans le fond de la chaussure ce sont des bandes de plastique dur posées sur la tranche (de deux ou trois centimètres de hauteur) qui sillonnent l'espace entre la semelle intérieure et la semelle extérieure.

À la vue, la chaussure arbore une belle semelle de trois ou

quatre centimètres d'épaisseur. Cette vision est fausse. En fait, la semelle ne forme qu'une enveloppe externe d'un demi-centimètre (peut-être moins). Tout l'intérieur est vide. La semelle intérieure (sorte de tissu de mousse) est collée uniquement par-dessus ces bandelettes dressées sur la tranche.

Où se situe donc le problème ?

Eh bien, supposons que la surface de la plante de votre pied soit de 20 cm². Quand vous marchez sur le sol pied nu, sur des tongs, chaussures de ville, etc., le pied repose sur 20 cm². Avec le système des alvéoles (les fines bandelettes posées sur la tranche), le pied ne repose en réalité que sur 6 ou 7 cm². Grâce à la semelle intérieure en mousse, dans des conditions normales de promenade ou de marche légère, vous ne ressentez rien de particulier.

Mais lorsque vous portez 10 ou 15 kg de matériel ou que vous randonnez des heures durant, votre pied comprime et écrase davantage la semelle intérieure jusqu'à finir par frapper directement sur la tranche des alvéoles.

Je peux vous assurer qu'avec un équipement de 20 kg de plus que votre poids habituel, rapidement, vous sentez les alvéoles vous démanger la plante des pieds, sans imaginer un seul instant la cause de cette dureté. Ce n'est qu'au bout de plusieurs jours de marche le long du Rhône lorsque j'ai soulevé par accident la semelle intérieure de ma chaussure que j'ai compris. Je n'en revenais pas. La grosse et épaisse semelle était totalement vide (hormis une enveloppe externe et un tissu interne). Je ne marchais en réalité que sur la tranche de ces alvéoles.

Inutile de préciser que j'ai changé de chaussures dès que je l'ai pu.

En conclusion, si vous achetez vos chaussures dans un magasin généraliste (supermarché, etc.) pressez la semelle intérieure avec votre pouce. Pressez fortement, surtout à l'arrière, là où frappera votre talon. Si vous sentez quelque chose entrer dans votre pouce, mauvais signe ! Votre talon subira le même sort, quand il sera augmenté du poids de votre corps et de celui de votre équipement.

Dans les enseignes spécialisées, le vendeur vous communiquera les informations nécessaires, à vous de lui poser la question.

Remarque. Je n'ai pas testé l'ensemble des chaussures présentes sur le marché. Il en existe certainement dont la semelle n'est pas alvéolée. La description ci-dessus correspond à ce que j'ai vécu et expérimenté lors de plusieurs de mes voyages, notamment le long du Rhône et de la Seine.

Il existe notamment des chaussures quasiment blindées qu'on ne trouve qu'en certains magasins spécialisés.

Une seconde paire de semelles intérieures

Dans les grandes surfaces, on les désigne sous l'appellation de « semelles anti-transpiration ». Ce n'est pas pour cet usage que vous en prendre une paire, mais pour le moment où vous ressentirez des vibrations trop importantes dans votre talon. Soit parce que la semelle de votre chaussure est trop usée et n'oppose plus de tampon au choc de vos pas sur la route, soit à cause des alvéoles que vous n'avez pas repérées (entre la semelle interne et la pellicule de plastique extérieure.

Cette seconde semelle placée dans votre chaussure fournira un rembourrage supplémentaire.

Astuce – pour les semelles totalement abrasées

Au cours de vos de longues randonnées, la pellicule de plastique sous la semelle va disparaître, abrasée par le frottement du sol, des chemins, etc. Elle s'évanouira d'autant plus vite que sa constitution est tendre. Les alvéoles apparaîtront à nu. Ce sont des compartiments de vides qui se rempliront de tout sur quoi vous marcherez : gravier, épines, éclats de bois...

Je peux vous assurer que les cailloux aux arêtes aiguisées vous piqueront férocement le talon.

En ce cas de figure, prenez les devants. Emplissez la cavité des alvéoles avec de la matière non tranchante. L'argile est la mieux adaptée. À défaut, une boule de papier mouchoir bien tassée que vous maintiendrez en place par un petit galet incrusté à plat dans l'alvéole (sous le papier).

La pointure

Beaucoup de vendeurs conseillent d'opter pour une pointure de plus que sa pointure habituelle en prévision d'un gonflement des pieds.

Ce n'est pas entièrement faux.

De mon côté, si mes pieds ne grossissent pas en cours de marche, il est arrivé qu'ils enflent à la suite de l'apparition de fortes ampoules qui, elles, réclament de la place. Lors de mon premier grand périple (le long du Rhône), mes chaussures s'adaptaient parfaitement à mes pieds. J'ai regretté cette justesse de pointure quand les ampoules avaient gonflé le pied et qu'il était difficile de le faire entrer dans la chaussure.

Au cours des voyages suivants, j'ai pu apprécier la différence de confort d'une pointure plus grande. Donc, choisir une pointure de plus que la vôtre n'est pas dénué de bon sens.

Les lacets

Évitez absolument les lacets ronds. Leur particularité ?

Ils sont enrobés d'une pellicule (genre plastique) qui les rend fort agréables à l'oeil, mais glissants à l'usage. Impossible de les garder longtemps attachés. Le noeud se défait très vite. En cas de marche rapide, il ne tient que cinq minutes. Pour une durée d'attache d'une vingtaine de minutes, il me fallait un double noeud, et serré au maximum.

Les accessoires
Certains fabricants ont mis au point des montants que l'on fixe et détache à son gré sur le haut de la chaussure. Cela évite que des petits cailloux ou des graviers ne s'y insèrent.

Astuces. Emportez par précaution : une ficelle de nylon
Pourquoi ?
De nos jours, les semelles sont collées à la partie supérieure de la chaussure, elle n'est quasiment jamais cousue. En général, le collage est d'une résistance inébranlable.

Il n'empêche, sur cette planète, il n'existe rien d'absolu. Il se peut qu'une paire de chaussures sur un milliard subisse un petit défaut et qu'à la suite d'une randonnée intensive ce défaut s'élargisse, fragilise la colle et qu'une excursion dans de longues herbes finisse par en décoller la semelle. (Les tiges longues et souples agissent comme des lanières qui tirent sur la chaussure — et donc la semelle — chaque fois que vous portez votre pied en avant)

Incident improbable (que j'ai pourtant vécu une fois). Si cela vous arrive, vous avez intérêt de vous être muni d'une ficelle. Elle vous servira pour rattacher la semelle pendouillante à la partie supérieure de la chaussure. Car en pleine nature, vous n'aurez pas de magasins à disposition. Voici une astuce expérimentée : en glissant la ficelle entre les rainures de la semelle, vous ne marcherez pas sur la ficelle. Elle tiendra une quarantaine de kilomètres sans trop s'user.

* *

Les chaussettes.

Certains spécialistes recommandent des chaussettes en coton, d'autres non. Personnellement, je n'ai pas noté de propriétés supérieures des premières par rapport aux secondes. Cela dépend de la sensibilité de l'épiderme propre à chaque personne.

Ce que j'ai remarqué en revanche, pour des randonnées de longue durée (sur plusieurs jours), les chaussettes épaisses accumulent beaucoup de sueurs. Et comme vous ne les laverez pas tous les jours (vous ne ferez quand même pas votre lessive dans les petits ruisseaux d'eau claire), il vaut mieux des chaussettes fines qui se sèchent vite.

Chaussette double
Il existe des chaussettes constituées d'un double tissu. Elles sont conçues pour prévenir les ampoules. Je ne les ai jamais portées, mais l'on me parle régulièrement de leur efficacité lors des discussions et des conférences.

Chaussette basse (socquette) ou haute
Étant donné que les chaussettes hautes s'imbibent de sueur sur une plus grande surface, quelques-uns préfèrent les socquettes. Néanmoins, je vous conseillerai les hautes. Parce que si les socquettes laissent la peau du mollet libre de transpirer, elles présentent le défaut d'accueillir nombre de petits cailloux que vous devrez chasser régulièrement, et donc s'arrêter, se baisser, parfois se déchausser, etc.

**

Tapis de sol.

C'est lui qui accueillera votre sieste lors de vos pauses et votre sommeil durant la nuit. Choisissez-en une qui soit épaisse pour que vous dormiez confortablement sans être gêné par les galets et cailloux en dessous ni par les terrains bosselés.

Pour le transport, vous le roulerez et l'attacherez à votre sac à dos, soit en haut soit en bas à votre convenance. Personnellement, je préférais le fixer au-dessous.

✲ ✲

Drap intérieur.

Voici une belle invention. Ce « drap » en tissu léger ressemble à un étui dans lequel vous n'avez qu'à vous glisser. Il comporte également une capuche à placer sur votre tête. Il s'insère à l'intérieur de votre sac de couchage et en constitue un bon complément dans le sens où cette enveloppe crée une pellicule d'air supplémentaire qui conservera davantage votre chaleur.

Point important : n'emportez pas juste un drap intérieur pour vous servir de sac de couchage. En dehors des périodes de canicule, somme toute plutôt rares, les nuits sont singulièrement froides lorsque, allongé sur le tapis, vous ne bougez plus. En station immobile, la chaleur du corps se dissipe à une allure folle même en été.

* *

Oreiller ou coussin.

On trouve dans le commerce des oreillers de voyage et des petits coussins légers où reposer sa tête. Certains d'entre eux sont gonflables de façon à prendre le moins de place dans le sac. Vous devrez juste les gonfler au moment de les utiliser. En ce cas, prévoyez une pompe manuelle. Après une marche rude d'une journée, on ne dispose pas forcément de toutes les capacités de ses poumons.

Le choix du gonflable dépend de vos goûts, du confort ou de l'inconfort que vous ressentirez. Vu leur prix modique, testez un coussin ordinaire et un gonflable, et voyez lequel vous préférez.

Pour ma part, durant chacune de mes expéditions, je m'étais muni du même petit coussin (20 x 20 cm – intérieur en mousse). Ma tête s'y était habituée et s'y logeait convenablement. Au moment de plier bagage, je le pressai au maximum pour qu'il tienne peu de volume dans mon sac.

* *

Poncho de pluie.

Il s'agit en l'occurrence d'une sorte de vaste imperméable, suffisamment ample pour vous couvrir ainsi que votre sac à dos de la tête aux pieds. Selon les goûts et le type de randonnée, vous avez le choix entre un poncho ressemblant à une feuille de plastique transparente (similaire à celle qui protège les vêtements revenant du pressing) ou celui façonné en des matières synthétiques plus opaques, plus épaisses et davantage destinées à des sorties longues et sportives.

Lors de ma première grande randonnée (le long du Rhône), j'avais un poncho de fin plastique transparent. Il a tenu tout le périple – pas une seule déchirure. Comme il était deux fois plus large que moi, lorsqu'un orage violent a fini par filtrer de l'eau dans ma tente, je m'en suis servi de protection au-dessus de mon sac de couchage. Ni moi ni mon sac ne fûmes mouillés.

* *

Tongs.

Prévoyez une paire de tongs par personne (ou quelque chose d'équivalent).

Pas pour randonner. Pour vous détendre les orteils lorsque vous vous arrêterez. À l'étape du soir, se débarrasser de ses chaussures est un véritable soulagement si l'on a marché huit ou dix heures de suite. Les pieds ne demandent alors que de s'éventer à l'air libre.

Si vous êtes en pleine nature, le terrain ne sera jamais du beau gazon tendre et net, mais plutôt un mélange de cailloux, de rocailles, d'herbe (courte ou non) mêlée parfois de bouquets d'orties ou de brins épineux.

Une paire de tongs vous permettra de vous déplacer autour de votre campement sans vous piquer la plante des pieds tout en les gardant aérés.

* *

Corde légère.

Les cordes en matière synthétique présentent le double avantage d'être légères et très solides. J'en avais toujours une sur moi par précaution.

Dans la montagne, j'en avais pris une de 50 m. Je n'en ai jamais eu besoin. Une fois, j'ai failli l'utiliser. Je me frayais difficilement un passage d'une forêt dense lorsqu'un ravin praticable se dessina sous mes pas et me dévoila un chemin plus facile. Par bonheur, j'ai finalement découvert un minuscule sentier dans le sous-bois qui m'a tiré d'affaire.

Lors d'une randonnée en terrain accidenté, elle peut vous être salutaire.

Une des façons de l'employer pour descendre une falaise ou un ravin aux pentes abruptes est de la positionner autour d'un rocher ou d'un tronc d'arbre dont vous vous serez assuré de la stabilité au préalable. Cette position est particulière (et ressemble à celle d'un câble autour d'une poulie), la première moitié de la corde pend d'un côté du tronc d'arbre (ou du rocher), la seconde pend de l'autre côté. Donc, pour une longueur de corde de 50 m, vous ne disposez réellement que de 25 m.

Pour descendre, vous empoignez les deux parties de la corde en abaissant les mains au fur et à mesure. Une fois au bas de la falaise, vous libérez un des pendants de la corde, vous tirez sur l'autre et vous récupérez votre corde.

Mieux vaut vous exercer auparavant sur une petite pente pour acquérir de l'expérience dans la prise en main des cordes, parce que sur le terrain, si la falaise est élevée et que vous faites une erreur, vous n'aurez pas droit à une seconde chance.

Il existe des techniques plus sophistiquées. Elles sont enseignées au sein des clubs d'alpinistes.

En principe, dans le cadre d'une randonnée dans nos contrées, vous n'aurez pas à entreprendre ce type de descente, mais dans la nature sauvage, l'improbable peut toujours survenir. Par exemple, vous traversez une région accidentée dans le sud, un incendie se déclenche en face de vous. Seule voie de sortie – un ravin 6 m plus bas aux parois verticales et sans prises. Ou vous sautez et vous vous brisez les jambes, où vous saisissez rapidement votre corde.

Par ailleurs, si vous êtes amené à secourir une personne bloquée quelques mètres plus bas, elle vous aidera à l'en sortir.

En conclusion, une corde, même de 10 ou 20 m, peut sauver une vie.

* *

Canifs ou couteau suisse.
Pour une randonnée de longue durée, un couteau est un

compagnon indispensable. Que ce soit pour couper de la ficelle, des petites branches ou votre miche de pain.

Une sortie de quelques heures ne réclame aucun ustensile particulier. Durant mes promenades s'étalant sur une journée, je n'en ai jamais emporté et n'en ai jamais eu besoin. Si vous êtes d'un caractère prudent, un canif dans votre sac suffira largement. Pour de très longues aventures, un couteau suisse multifonction vous sera utile. On ne dira jamais assez de bien de ces couteaux compacts qui comportent une foule d'instruments supplémentaires (ciseaux, tournevis, cuillère et boussole parfois, etc.). De quoi s'occuper des petits soucis sans emmagasiner de poids importants ni avoir à rechercher partout l'outil qu'il vous faut parce que vous l'aurez justement mal rangé.

* *

Couverts et ustensiles de repas.

En plus de votre canif ou d'un couteau multiusage, des couverts (fourchettes, petites cuillères, gobelet, assiettes) améliorent nettement le plaisir des randonnées.

Quand il s'agit d'une promenade de quelques heures, des sandwichs combleront votre appétit. Pour une sortie de plusieurs jours, vous apprécierez une collation plus dans la tradition des repas (dans une assiette plutôt que directement dans la boîte de conserve). Pareillement, boire dans un gobelet est plus conforme aux coutumes de notre pays que de s'abreuver au goulot d'une bouteille d'un litre et demi – surtout si l'on est plusieurs à se partager la même bouteille.

Pour ceux qui se soucieraient du poids, fourchettes, cuillères et assiettes en plastique sont résistantes, inusables et d'une légèreté ridicule (autant pour le poids du sac que celui du porte-monnaie).

**

La gourde.

Peu d'éléments sont vraiment indispensables à toute sortie, quelle soit de courte ou de longue durée. Parmi ces pièces essentielles figurent inévitablement les chaussures, quelques barres de céréales (en prévision d'une fatigue subite), une casquette (en cas de fortes chaleurs) et bien sûr une gourde.

Même pour une simple promenade d'une après-midi, ce sont là quatre points dont il faut tenir compte. Car si dans ce cas de figure, un gros sac à dos vous est aussi inutile qu'un sac de couchage, il est certain qu'une bonne paire de chaussures vous évitera des ampoules et un mal au pied intempestif et qu'une gourde vous préservera d'une soudaine déshydratation.

Là encore, lorsque nous parlons de sortie, il s'agit de quelque chose de plus long qu'une promenade d'une heure à travers un bosquet ou un parc retiré. Ces petites balades ne nécessitent rien de particulier.

Nous parlons en l'occurrence d'un déplacement d'une demi-journée ou d'une journée entière dans des lieux où vous ne rencontrerez peut-être personne des kilomètres à la ronde. Et là, une gourde bien remplie vous sera nécessaire.

Lors de mon dernier jour de marche le long du Rhône dans la Camargue, j'ai vidé six litres d'eau. J'avais deux gourdes. Une d'un litre qui restait en permanence au fond de mon sac et que je ne devais jamais toucher. C'était ma réserve de secours, celle que je n'utiliserais qu'en ultime recours, en cas de réel problème. À plusieurs reprises, et notamment dans la Camargue, je me suis félicité de cette précaution. Pour l'anecdote, grâce aux ranchs installés çà et là dans la Camargue, j'ai pu m'approvisionner en eau alors que mes deux gourdes étaient à sec.

La gourde destinée à l'usage courant (une gourde isotherme de deux litres), je la maintenais attachée à une sangle latérale de mon sac à hauteur de ma main. Il m'était ainsi possible de boire sans défaire mon sac.

Dès que je croisais une fontaine potable, et même si je n'avais bu qu'un quart de ma gourde, je la remplissais aussitôt. Car on n'est jamais totalement sûr du prochain lieu de ravitaillement. Et si par hasard, on en connaît l'emplacement, rien ne dit que des travaux, un éboulement ou un accident ne le pollueront pas temporairement ou ne le rendront pas inaccessible, ni qu'un problème ne viendra pas entraver notre arrivée en ce lieu.

À la suite de cette première expérience le long du Rhône, j'ai compris que pour rester complètement autonome dans des contrées retirées et ne pas se créer de soucis inutiles, il me fallait en permanence davantage d'eau. Durant mes voyages ultérieurs, j'emportais donc avec moi outre ces deux gourdes, une bouteille supplémentaire d'un litre et demi. Je peux vous assurer qu'en période caniculaire où l'on déploie ses 7 ou 8 heures de marche, ce n'est absolument pas superflu. Le problème du poids disparaît aussi rapidement que vous buvez l'eau dont votre corps a besoin. Ces 4,5 kg (pour les 4 litres et demi) fondent à vue d'oeil si vous évoluez sous un soleil brûlant.

Deux types de gourdes.

En matière de gourdes, vous aurez deux écoles : celle qui préfère les gourdes classiques (que l'on débouche) et celle qui privilégie les gourdes à téter.

Ce dernier type se fixe au sac et se prolonge d'un tuyau muni d'un embout que vous mettez en bouche pour aspirer.

Certains affectionnent ce système fort utile (il évite de

poser son sac pour y rechercher sa gourde). Personnellement, je n'y adhère pas. D'abord, parce qu'il faut glisser cet embout dans la bouche (inutile de préciser que je ne raffole pas non plus des bouteilles d'eau à tétine – on est adulte, quand même !). Selon les endroits que l'on sillonne, différentes saletés peuvent s'y déposer, et allez donc nettoyer cela quand vous êtes en pleine forêt spongieuse, les mains couvertes de mousses vertes !

De même que pour l'usage des sandales, ce système à embout est conçu davantage pour des randonnées en des lieux « civilisés » (prairies aux sentiers bien tracés, jolis sous-bois entretenus...) que pour des aventures sur de vastes terrains inconnus en friche totale où lianes et orties vous caressent le cou.

N'oubliez pas que vous avez la possibilité d'attacher votre gourde à la sangle de votre sac pour l'avoir à portée de main.

Pour les sorties de longues durées, prenez des gourdes isothermes (qui conservent la température du liquide) – en été pour les boissons fraîches. En hiver, vous préfèrerez je suppose des boissons chaudes (chocolat, café thé...).

De mon côté, je n'ai utilisé que de l'eau durant mes randonnées. La seule fois où j'ai rempli ma gourde d'autre chose (une boisson à l'orange pétillante), c'était à l'issue de mon voyage le long de la Seine. Celui-ci terminé, je me suis promené les deux jours suivants aux alentours du Havre et de Deauville, et le pétillement de l'orange récompensait mes efforts.

Astuce.

Si vous utilisez des boissons sucrées, ne vous contentez pas de rincer à la va-vite votre gourde. Nettoyez-la soigneusement comme pour tout ustensile de repas. Sinon, vous risquez de découvrir l'intérieur de votre gourde tapissée de moisissure une semaine plus tard. Expérience dont je me serais bien passé.

Quant aux gourdes comportant des tuyaux à embout, en cas de boisson sucrée, je suppose qu'il faudra aussi être méticuleux sur le lavage interne de ces deux accessoires.

* *

Briquet – allumettes – feu.

Je n'ai jamais eu besoin de feu de camp. Dès mon premier départ, j'avais en tête l'objectif de ne pas en faire. Pour deux raisons.

D'abord, je voyageais en été et mon souci était plutôt de refroidir mes aliments et boissons que l'inverse. Ensuite, pour éviter que des étincelles perdues ne se propagent et déclenchent des incendies. Comme je comptais le plus souvent pratiquer le camping sauvage, j'étais inflexible sur ce point.

Du feu peut cependant être nécessaire en différentes situations. Un coup de froid subit, une randonnée par temps glacial ou simplement parce que l'ingestion d'aliments froids vous tord soudain l'estomac.

Je transportais toujours avec moi un briquet et des allumettes classiques. Non pour le tabac, car je ne fume pas, mais par précaution. Une flamme est utile dans les cas suivants pour :

- Combattre une chute raide et imprévue des températures et que votre survie est en jeu.

- Rougir la pointe d'une aiguille pour la nettoyer d'éventuels microbes avant le perçage d'une ampoule.

- Faire fondre le bout d'une corde que l'on vient de couper pour éviter qu'elle ne s'effiloche.

- Allumer une bougie ou une torche improvisée parce qu'en pleine nuit votre lampe de poche ne fonctionne plus au moment où avez absolument besoin d'éclairage.

Etc.

Emportez donc toujours avec vous soit un briquet soit des allumettes, même si vous ne comptez pas élever des feux de camp.

* *

Lampe, bougie... et torches de fortune.

Quand j'ai longé le Rhône, j'avais pris les deux – une lampe de poche et une bougie, au cas où la lampe tomberait en panne.

Je n'ai pas eu besoin de la bougie, si bien que je n'en ai jamais plus emportée. Quant à la lampe, je ne m'en suis servi qu'en quelques rares occasions, à l'intérieur de la tente pour rechercher quelque chose ou pour regarder l'heure à ma montre durant la nuit. Mon conseil cependant est de toujours en avoir une à portée de main. On ne sait jamais ce qui peut survenir en pleine nuit, si l'on doit s'éloigner un moment, récupérer quelque chose de perdu, ou entreprendre un départ urgent au coeur des ténèbres.

Les torches de fortune.

C'est ce que vous voyez dans les films lorsque le personnage principal s'empare d'un bâton qui lui sert de chandelier. Je n'ai jamais testé leur efficacité. Si jamais je devais me retrouver en cette extrémité, je nouerais de façon très serrée un linge autour d'une branche avant d'y mettre le feu.

Méfiez-vous, dans les films tout paraît simple. Dans la réalité, j'imagine qu'il faudrait imbiber le linge d'un produit huileux pour que cela provoque une flamme similaire à celle d'une bougie qui se nourrit de la cire aspirée par la mèche (sans que cette cire ne brûle de tous les côtés à la fois).

Cela peut être amusant de tenter quelques expériences de ce type durant les jours de repos dans votre jardin afin d'apprendre à confectionner de vraies torches à partir de branches résineuses. Vous aurez acquis ainsi un savoir-faire rassurant.

* *

Sac plastique ou sac étanche.

Les sacs plastiques, vous connaissez. On vous en fournit à la caisse des magasins. Des enseignes spécialisées (comme Métro, Rétif...) en vendent par lots de cent ou de mille à un prix dérisoire, toutefois il faut être un professionnel pour y accéder.

En avoir sous la main est toujours utile. Conservez donc ceux que l'on vous donne aux caisses. Vous y entreposerez vos déchets non recyclables jusqu'à la prochaine poubelle.

Pour les débris alimentaires (miettes de pains, petits bouts de viande...), ne vous inquiétez pas. Ils finiront vite sous les mandibules des fourmis et autres insectes.

Les sacs plastiques vous serviront aussi à protéger vos vêtements et papiers de l'humidité ou des fortes averses.

Par ailleurs, les magasins de sport ou les supermarchés commercialisent des sacs étanches et solides (de vrais sacs) dans lesquels seront en sécurité vos effets les plus fragiles. Leur coût est forcément supérieur à celui d'un banal sac en plastique.

Autrement, vous avez les sacs poubelles standard. Quelques-uns, faisant fi de l'aspect esthétique de la chose, se laisseront tenter par leur usage. Avouons-le, d'un point de vue pratique (profonds, solides et parfaitement étanches), ils possèdent tous les atouts pour empaqueter à la perfection vos affaires. À vous de voir.

Nécessaire de toilette.

Il va de soi que pour une expédition de plusieurs jours, une trousse de toilette ne sera pas du superflu. Son contenu variera selon que vous êtes un homme ou une femme.

Notons les indispensables.

Savonnettes (il en existe de très petites comme celles des chambres d'hôtel), shampooing (on trouve des flacons de 40 centilitres dans des supermarchés), gant, serviette, taille-ongle, brosse à dents et dentifrice.

(Voir au chapitre 3 « Hygiène », la rubrique « lavage express » pour en savoir davantage au sujet du nettoyage en période d'eau restreinte.)

* *

Trousse d'urgence.

Désinfectant (en vaporisateur c'est mieux, car on ne touche pas la plaie), compresse, aiguilles, fil, pince à épiler (pour les épines, échardes dans la peau...), un briquet (pour stériliser l'aiguille en cas de besoin), un petit rouleau de bandage, du sparadrap.

J'ai banni totalement les antidouleurs.

Jamais un seul n'a franchi la fermeture de ma trousse. Pourquoi ? D'abord, ils sont toxiques. Ensuite, si vos muscles sont fatigués à la fin d'une étape, c'est un phénomène tout à fait normal. Des muscles non entraînés sont forcément endoloris à la suite d'un effort soutenu et intensif. Rien de surprenant à cela. Il faut que vos muscles s'habituent à cet effort.

En revanche, s'il s'agit d'une douleur aiguë à en hurler, ce n'est pas d'un antidouleur dont vous avez besoin, mais d'une consultation chez un médecin. Vous vous êtes probablement déchiré un muscle, foulé quelque chose, bref rien qu'un antidouleur réparera, tandis qu'un bon médecin saura quoi faire.

Les vêtements.
Voici quelques éléments indispensables à votre déplacement et votre confort.

Short.
Porter un short est agréable quand vous marchez en été. Ou encore à l'étape du soir quand vous vous relaxez sur votre tapis de sol. J'en utilisai un lors des périodes de repos et pour dormir la nuit dans les régions chaudes.

Pantalon long.
Même si vous êtes un adepte convaincu des randonnées en short, emportez au moins un pantalon de toile solide comme les jeans. Les shorts ne sont valables qu'en secteur défriché. Quiconque a déjà pénétré un bosquet ou un bois vraiment sauvage comprendra mes propos.

La nature, la véritable nature non façonnée par l'Homme n'a rien à voir avec les forêts de promenade parfaitement nettoyée et aux allées tapissées d'un beau sol battu. La nature sauvage c'est des sous-bois aux arbres fracassés ici ou là, aux branches emmêlées de lianes de ronces par moments inextricables. Certains chemins de halage non fréquentés se métamorphosent parfois en ruban d'ortie.

Il m'est arrivé de traverser une prairie abandonnée à son sort et entièrement envahie d'orties géantes. Et quand je dis envahie, c'est le terme approprié ! Les tiges plus hautes que moi et séparées les unes des autres de combien ? 15 ou 20 cm, et cela, sur 500 m de longueur. Dans un tel cas, vous vous frayez un passage, un bâton dans une main pour repousser les tiges sur la droite, le pied écrasant d'autres tiges sur la gauche. Sans pantalon et sans chemise longue, les bras et les cuisses auraient vécu l'enfer.

Croyez-moi, en terrain sauvage, les lianes de ronces ou d'orties ne sont pas une rareté.

Un pantalon de secours vous protègera aussi en cas de chute soudaine de température, même en été. En Côte d'Or, j'ai découvert qu'en plein mois d'août, et alors que les journées étaient brûlantes, le thermomètre fleurtait avec les 3 degrés au coeur de la nuit.

Chemise aux manches longues.

Prenez-en au moins une.

Soit à cause d'un coup de soleil imprévu. Des rayons torrides sur une peau qui vient de subir un coup de soleil aggravent l'intensité de la brûlure et en augmentent fortement la douleur. (Si les bras sont touchés, une chemise ample au tissu léger les protégera du feu de midi, le temps que la peau se reconstitue un peu).

Soit, lorsque vous naviguez au milieu de hautes orties, de ronces, etc. Notez que si vous emportez un blouson, sa protection est meilleure contre leur sève urticante. Vous n'aurez qu'à le vêtir pour éviter leur agression.

Tee-shirt.

Au moins deux tee-shirts. Un pour l'effort et un pour le repos. Il est plus agréable de se délasser dans un tee-shirt sec que dans celui trempé de sueur de votre marche de la journée.

Sous-vêtements et chaussette.

Au moins trois de chaque, que vous laverez alternativement.

Casquette.

Indispensable si vous marchez face au soleil ou si vous randonnez durant les longues heures où il brille le plus fort.

Astuce : en période de canicule, n'hésitez pas à remplir d'eau (ou tremper profondément) l'intérieur de votre casquette avant de l'ajuster à nouveau sur votre tête. Fraîcheur garantie pour un bon moment.

Crème hydratante.

Emportez au moins un tube. (Voir au chapitre 4 « Soins et dommages corporels » la rubrique « le loup » pour en connaître la raison).

Petite éponge.

Cette petite éponge d'une propreté rigoureuse, vous la maintiendrez isolée de toute saleté, dans un sachet par exemple. Elle vous servira pour aspirer la rosée couvrant les feuilles en cas d'épuisement total de votre réserve d'eau (voir le chapitre 5 « Eau » et la façon de s'en procurer).

Fil à coudre.

Pour réparer les déchirures intempestives de vos habits, de votre toile de tente.

Entrer dans une commune avec une jambe de pantalon ou le fond de votre short largement déchiré n'est pas du plus bel effet. Un raccommodage à l'aiguille vous redonnera un aspect plus présentable.

Huile solaire.

Prenez l'indice le plus élevé – écran total si possible – et utilisez-la plusieurs fois dans la journée si vous transpirez beaucoup. Ne croyez pas que, du fait que vous n'attrapez jamais ou rarement de coups de soleil qu'il en sera toujours ainsi.

Expérience. Je n'avais qu'une seule fois dans ma vie subi un coup de soleil. Je pensais donc être à l'abri de cette mésaventure. Erreur. Quand j'ai longé le Rhône, dès le deuxième jour de marche dans les Alpes, toutes les parties découvertes (bras, main, oreilles...) ont été brûlées au point que j'ai dû endosser mon unique chemise à manches longues à la place des tee-shirts. Pire, sept jours plus tard, j'ai attrapé un second coup de soleil à la main gauche sur la fine peau qui venait de repousser. Inutile de préciser que j'ai alors porté mon attention sur une huile de protection totale. Conséquence : plus aucune brûlure, même au milieu de la Camargue aux heures brûlantes du midi.

* *

Bâton de marche.

Les bâtons de marche sont conçus pour l'effort avec un manche étudié pour la bonne prise des mains. Quelques-uns l'apprécient, d'autres non.

Ici, tout dépend vraiment d'un choix personnel.

Je n'en ai jamais utilisé. Dans les zones en friche où les ronces abondaient, je ramassais une branche de bois mort pour les repousser. Toutefois, certaines de ces branches ne sont pas d'une grande solidité et se brisaient parfois quand je poussais trop fort.

Assurément, durant ces instants, j'aurais préféré avoir entre les mains un vrai bâton de marche. Mais comme le reste du temps, il aurait fallu le tenir ou l'accrocher au sac, je ne trouvais pas cela très pratique. Cela dit, ce n'est qu'une opinion de ma part, car je n'ai jamais tenté l'expérience d'un bâton sur un long périple.

Utilité du bâton.

Pourtant, l'usage d'un bâton de marche comporte des avantages. Si vous êtes épuisé, vous vous appuyez dessus. Si vous subissez une mauvaise foulure, il vous servira de béquille. Et si vous grimpez une pente abrupte, son appui soulagera l'effort de vos jarrets. Sa pointe vous permet de creuser la terre si nécessaire, d'y déloger une pierre, etc. Bref, un instrument bien pratique quand on y songe. Sans parler d'un moyen de dissuasion en cas de rencontre avec un animal sauvage subitement agressif. Je n'ai jamais expérimenté de rencontres de ce genre, ce qui n'empêche pas le hasard de mener vos pas à croiser ceux d'un jeune marcassin, d'un faon... et de rendre furieuse leur mère qui les croirait attaqués. Exemple tiré par les cheveux et je doute qu'une telle situation ait une quelconque chance de se produire, un randonneur se déplaçant toujours dans un grand bruit de pas et de froissement de feuilles qui fait fuir tous les animaux à la ronde.

Autre avantage (ou inconvénient en fonction de son état d'esprit). Le port d'un bâton de marche signe d'office son porteur comme étant un randonneur aux yeux de tous ceux qui le croisent.

* *

Petit réchaud.

Ma philosophie étant « pas de feu lors des campings sauvages », je n'ai aucun vécu à partager à ce sujet.

Les enseignes dédiées à la randonnée en vendent (avec de petites bouteilles de gaz amovibles). Leur prix n'est pas excessif.

Leur poids en revanche viendra s'ajouter à votre paquetage. Dans le coffre d'un véhicule ou dans la sacoche d'un vélo, c'est un poids plume. Positionné sur le dos durant dix, quinze ou vingt kilomètres de marche, sa pesanteur est nettement plus sensible.

** *

Pastille de potabilité.

Ce sont des pastilles spécifiques à placer dans un récipient d'eau pour le rendre potable.

Par exemple, si vous tentez l'aventure en des contrées isolées et sauvages, surtout des pays chauds, l'eau des rivières ou des ruisseaux est susceptible de contenir des bactéries, des amibes ou diverses bestioles invisibles à l'oeil et terriblement néfastes pour votre organisme. Ces pastilles sont vouées à l'élimination de ces parasites.

Cela fonctionne aussi pour les cours d'eau européens. Si vous êtes bloqué au fond d'un ravin pendant plusieurs jours, près d'une mare et par un temps caniculaire, vous n'avez d'autre choix que de la boire pour ne pas mourir de soif. En conséquence, l'usage d'une telle pastille vous rassurera au moins sur l'innocuité de ce que vous avalerez.

Je n'ai jamais utilisé ces pastilles – même lorsque mes gourdes étaient à sec et que je campais la nuit au bord d'un fleuve sous l'effet d'une soif dévorante. Pourquoi ? Les pastilles détruisent les bactéries, les amibes et les parasites, pas les hydrocarbures, le pyralène et produits chimiques qui pourraient s'y trouver. Pour éliminer ce genre de polluants, c'est d'un filtre spécial dont vous avez besoin, ce qui signifie volume et poids supplémentaires sur vos épaules.

N.B. Par ailleurs, le long du Rhône, de la Saône et de la

Seine, je savais que cinq ou six kilomètres plus loin au maximum, j'arriverai soit dans une ferme soit dans une agglomération. Si bien que je n'étais pas véritablement soucieux au sujet de l'eau, pas comme si j'avais à me déplacer dans un désert par exemple.

**

Lessive.

Une de mes règles inamovibles : « pas de lessive dans les zones naturelles ». J'attendais de croiser sur ma route un camping (je m'étais muni d'une carte où je les avais répertoriés lors de la préparation de mon voyage) pour y faire étape et laver mon linge.

En outre, dans les villes en France, même les plus petites, vous aurez des laveries automatiques (j'en ai toujours rencontré, soit dit en passant). En moins d'une heure, vos habits seront tout frais. N'oubliez pas non plus que de nombreux villages ont conservé leurs anciens lavoirs. En y arrivant, renseignez-vous auprès de la municipalité pour savoir si le lavage à la main y est encore autorisé. Ce n'est pas le cas partout (pour des raisons de pollutions, je suppose), donc ne les utilisez qu'avec leur accord.

Autre possibilité de lavage non polluant. Ceci n'est à conseiller que dans les zones très isolées, loin des agglomérations, et si le poids de la transpiration dans le tissu des vêtements devient trop dur à supporter. Trempez simplement votre chemise et pantalon dans un cours d'eau vive (pas dans une mare, à cause des bactéries) et frottez légèrement le tissu pour le libérer de la sueur. Cette dernière, émise par les pores, étant naturelle et biodégradable, vous n'affecterez pas le cours d'eau. Pas plus que vous n'abîmerez la nature lorsque l'action de vos reins vous amènera à vous soulager dans un buisson. Vous ne polluerez le ruisseau ou la rivière que si vous êtes porteur d'une maladie dangereuse, d'un virus contagieux par exemple. Mais là, nous sortons du domaine de la randonnée pour celui d'une hypothèse improbable, car une personne atteinte d'une grave maladie ne sera pas en état de se lever et encore moins de marcher des heures durant dans des contrées isolées.

Lessive biodégradable ?

Il existe des lessives biodégradables. Ce n'est pas à mon sens une raison pour les utiliser en dehors des lieux prévus à cet effet (buanderie des campings ou laveries automatiques). Pour ne pas me charger, j'en avais rempli un petit flacon d'un quart de litre.

* *

Boussole.

L'instrument parle de lui-même. L'aiguille indique le nord. De là, vous déterminez si vous vous dirigez correctement dans la direction que vous souhaitez ou si vous devez modifier votre route.

Un conseil, avant de partir dans des zones dépourvues de points de repère, exercez-vous au maniement de la boussole. Sous forme de jeu familial, c'est très amusant.

En l'absence d'instrument, le soleil aide à nous orienter dans les grandes lignes. Il se lève à l'est et se couche à l'ouest – nous l'avons appris à l'école. Il est judicieux de s'en souvenir si vous avez perdu vos instruments par un mauvais coup du sort.

* *

Le GPS ou équivalent.

La technologie électronique évoluant rapidement, il se peut que des appareils spécialisés (et au tarif abordable) dans le guidage des randonneurs voient le jour prochainement.

Ces appareils de guidage sont monnaie courante en ville pour les automobilistes, dans les zones sauvages pas encore.

Espérons qu'ils n'arrivent pas trop vite, ce serait réduire le randonneur à l'état de « bébé » incapable d'exercer son sens de l'orientation et de l'intelligence pour apprendre à se diriger.

* *

Carte.

Le sujet des cartes dépend véritablement de la promenade ou de la randonnée que vous projetez. Si vous souhaitez accomplir le chemin de Saint-Jacques de Compostel, par exemple, ou d'autres circuits renommés (de France ou d'Europe), une multitude de guides vous fourniront toutes les informations et cartes doublées d'un grand luxe de détails.

Le problème se pose pour les terrains où nul ne va jamais (ou presque). Vous avez les cartes topographiques détaillées à l'extrême avec indication des dénivelés (l'altitude est mentionnée sur les courbes. Plus les courbes sont resserrées plus le dénivelé est important). Pour maîtriser ce genre de cartes, inscrivez-vous quelque temps à un club de randonnée et apprenez à vous en servir, sinon vous risquez de vous démotiver.

Des organismes tels que l' I. G. N. (Institut de Géographie Nationale) proposent des cartes topographiques, mais aussi des types de cartes plus faciles à comprendre pour un novice.

Selon le thème de votre randonnée, vous n'aurez peut-être

besoin que d'une simple carte détaillée, sans une multitude de mentions d'altitude.

Les indispensables

Sac de couchage, tente et sac à dos.

En ce qui concerne les équipements du randonneur, il est trois types de matériel éminemment important : le sac de couchage, la tente (ou le bivouac) et le sac à dos.

Ce qu'il faut savoir c'est que l'évolution technique progresse sans cesse et que les fabricants peuvent vous offrir du matériel plus léger et tout aussi fiable et performant d'une année sur l'autre. Le choix de ces trois éléments dépend de la randonnée que vous entreprendrez, des conditions climatiques prévues et de vos propres capacités physiques.

Je ne vous encouragerai donc pas à opter pour telle ou telle solution, mais de vous rendre dans un magasin dédié à la randonnée pour déterminer sur place ce qui sera adapté à votre projet.

Je me contenterai de vous exposer dans les grandes lignes les points sur lesquels se concentrer.

* *

Le sac de couchage.

A priori, ce choix paraît simple. Ce qui est effectivement le cas si on dort en été par de douces températures. Si vous n'êtes pas sûr de la douceur du temps ou de l'absence d'averses, en gros s'il fera froid durant la nuit ou si vous voyagerez dans une zone de pluie, il vous faut étudier sérieusement la question.

Il existe deux sortes de sacs de couchage : les sacs sarcophages et les sacs couvertures.

- Les sacs sarcophages : vous vous glissez à l'intérieur par le haut (il ne s'ouvre pas sur les côtés). Le haut comporte une capuche pour la tête. Étroit vers les pieds et large pour les épaules, il ressemble à un sarcophage (d'où son nom). Votre corps est bien enveloppé et bien au chaud. En revanche, peu de place pour bouger les pieds. À déconseiller particulièrement à ceux qui aiment gigoter durant la nuit.

- Les sacs couvertures : ils se ferment avec une fermeture éclair et peuvent s'ouvrir totalement telle une couverture.

Ce type de sac se décompose en deux sous-types : les duvets et les synthétiques. Les duvets sont plus chauds et plus lourds et les synthétiques plus légers et imperméables. Quelques marques de duvet sont imperméables, la plupart non.

Pour corser l'affaire, il existe trois catégories pour tous les sacs (sarcophages comme couvertures) dont il faut tenir compte : la température de confort, la température « limite de confort » et la température extrême (température où l'on risque la mort par hypothermie). Ce sur quoi vous devez vous concentrer c'est la « température de confort ». En bref, c'est la température où quelqu'un dormira à l'aise et de façon détendue sans avoir froid. En principe, cette information figure sur les étiquettes, sinon n'hésitez à vous renseigner.

Certains sacs sont taillés pour affronter les grands froids, y compris les froids polaires. Les matériaux qui les composent sont étudiés pour opposer une barrière totale au froid. Le souci ne se pose donc pas au niveau de la technique, mais celui du portefeuille. Un sac de couchage qui préserve votre chaleur corporelle et votre température de confort même quand il fait -

40 ° à l'extérieur coûte plus cher qu'un sac fait pour les douces nuit d'été de la Provence.

C'est pourquoi il est préférable de discuter avec le responsable du rayon sac de couchage afin de déterminer celui qui vous convient le mieux, en fonction de l'environnement et des conditions météo où vous dormirez, et de votre portefeuille.

* *

La tente, le bivouac (ou le tarp).

Le matériel que vous choisirez pour camper dépendra là également de plusieurs facteurs qui, tous, vous seront personnels.

Le plus important, c'est votre capacité physique. Vous porterez votre matériel sur vos épaules. Vous avez donc intérêt à connaître vos limites et le poids de l'ensemble de votre équipement afin de vous assurer que vous pourrez le soutenir sans être écrasé.

En randonnée, vous avez trois types d'abri.

-- La tente, de toutes formes et variantes possibles.

-- Le bivouac, qu'on peut résumer en une mini-tente, plus simple, plus léger et plus petit qu'une tente.

-- Le tarp. Rien de compliqué. Il s'agit d'une bâche que vous installez en V inversé. En gros, vous plantez deux bâtons à deux ou trois mètres de distance, selon les dimensions de votre bâche. Vous attachez un côté de la bâche sur le premier piquet et l'autre côté sur le second piquet. La bâche tient donc en l'air. Vous écartez maintenant les deux pans de la bâche et vous les fixez au sol. Au final, on obtient l'image d'un toit de maison en V, à la différence qu'il s'agit d'une bâche et que c'est ouvert à l'avant et à l'arrière.

Évidemment, la protection contre le vent est minime, contre les insectes (moustiques, etc.) n'en parlons pas, mais cela vous protège d'une pluie fine. Avec un peu d'habileté, vous fixerez la bâche à des troncs d'arbres, des branches (si vous vous arrêtez dans un bosquet) et vous lui ferez adopter une forme d'igloo où vous serez à l'abri des rafales et des averses.

Au sujet des tentes, sachez qu'il en existe en mono toit et en double toit (qui vous préservera des fortes pluies), des tentes 3 saisons ou 4 saisons. Les 4 saisons étant conçues pour l'hiver, le grand froid, la haute montagne.

Mon meilleur conseil quant au choix de la tente est d'en discuter avec un responsable du rayon « tentes et camping » d'un magasin spécialisé en sport et randonnées. Car les facteurs sont multiples et varient pour chaque individu.

La seule chose que je déconseille, c'est le type de tentes qui, repliées, forment un large disque. Essayez de marcher avec un disque d'un mètre de diamètre qui pend à votre bras !

Que vous choisissiez une tente ou un bivouac, prenez-en une qui se roule en cylindre et que vous accrocherez à votre sac à dos.

Durant mes trois périples, j'avais un petit bivouac mono toit qui ne pesait que 1,1 kg. Je pouvais l'installer sur partout, même les sols en pente. Son inconvénient : lors des nuits fraîches, la vapeur d'eau se condensait sur la paroi interne du plastique. Il paraît que les tentes double-toit préviennent ce phénomène. Je ne l'ai jamais vérifié, n'en ayant jamais utilisé.

* *

Le sac à dos.
En ce domaine également, le matériel abonde, et chacun avec des caractéristiques particulières.

Celui que j'avais pour marcher le long de la Saône et de la Seine était à géométrie variable. Sur ses deux flancs, une fermeture éclair, une fois ouverte, libérait chacune une pochette préalablement repliée. Quand les deux poches étaient dépliées, le sac à dos atteignait un volume de 70 litres, ce qui est considérable au premier abord, mais pas excessif. Quand on y cale tout son équipement (sac de couchage, coussin pour la tête, vêtements, provision...), ce volume est vite rempli.

Un sac à dos doit accompagner vos mouvements. Ce n'est qu'en le testant sur vos épaules après l'avoir attaché par les sangles à la poitrine et au ventre et en effectuant quelques pas avec lui que vous verrez ou plutôt sentirez s'il vous convient.

En général, tous les sacs sont réglables en hauteur pour la stature du porteur. Des sangles vous permettent de les ajuster au mieux à votre torse

Selon votre taille, votre carrure et votre ressenti physique, vous choisirez celui qui accompagne votre déplacement sans ballotements et sans constituer une gêne de quelque nature que ce soit.

Bien entendu, vous vous assurerez que le sac soit étanche (vos effets y seront au sec malgré les averses) et qu'il possède une poche intérieure pour y placer vos papiers.

Chapitre 2

Risques et désagréments

Les risques du terrain, de la météo, les soucis et les désagréments.

Ronces et orties.

Voir au chapitre 1 « Le matériel » la rubrique « vêtements - pantalon long ».

La rosée.

En quoi la rosée peut-elle présenter un désagrément ou un souci ? Elle n'exprime que des étincelles de lumière pour le regard, une pluie de diamants sur l'herbe et les pétales de fleurs. Cela est vrai pour qui se délasse quelques jours en camping (sans randonner) ou qui se promène à l'aube d'une belle journée avant de rentrer à son domicile.

Pour celui qui s'apprête à une longue marche dans de hautes herbes dès les premières heures de l'aube, le regard sera toujours captivé par les reflets étincelants des gouttes de rosée, il lui faudra cependant fournir un effort pour convaincre ses pieds de partager son admiration.

Figurez-vous que durant la nuit, la vapeur d'eau se condense et se dépose sous forme de gouttelettes (la rosée) et couvre absolument tout. Au matin, quand vous vous éveillez, il suffit de quelques pas et vos pieds sont trempés. Par temps de grande chaleur, il n'est pas désagréable de marcher quelques instants pieds nus ou dans des tongs dans l'herbe mouillée. Au sortir des nuits glaciales (il en survient, même en été), ce serait plutôt l'inverse. Ensuite, lors du démontage et de l'enroulement de la toile de tente, les genoux ne crient pas non plus de joie à s'enfoncer dans l'eau glacée dès l'éveil. Si vous portez un pantalon, le bas en sera trempé dès votre départ et le restera un moment.

La rosée, voyez-vous, est si abondante que les herbes sont couvertes d'eau comme après une lourde averse.

Plus vous aurez campé en avant dans la prairie en voulant profiter la veille du berceau des longues tiges, plus vos chaussettes, chaussures et pantalon se chargeront d'eau quand vous retournerez à votre sentier de marche.

Astuces.

Pour savourer la vision admirable de la rosée sans les inconvénients, campez non loin du chemin de randonnée et dans une prairie aux herbes courtes. Avant votre départ, vous délasserez la plante de vos pieds par quelques pas dans la rosée, mais une fois essuyés et dans la chaussure, ils seront au sec ainsi que vos chaussettes.

Pas de chaussures ni de chaussettes laissées à l'extérieur de la tente. Rentrez-les. Sinon, au petit matin, elles seront trempées. Même si vos chaussures sont imperméables ! La rosée pénètre par le col ouvert, elle s'y dépose en abondance à l'égal d'une averse. À l'intérieur de la tente, ne les disposez pas contre la toile, la rosée ruisselle et mouille tout ce qui la touche (chaussure, vêtements, etc.). De préférence, protégez vos effets sous (ou dans) un sac.

Remarque. Le phénomène de la rosée n'a lieu que lors d'une différence de température notable entre le jour et la nuit. Par temps de haute canicule, la température ne descend pas suffisamment pour que l'eau se condense, et donc pas de rosée.

L'orage.

Lors d'un orage, on vous l'aura répété longuement quand vous étiez petit, il est dangereux de s'abriter sous un arbre. La pointe de la cime attirant la foudre. Cette particularité n'a pas changé avec l'âge.

Si par malheur vous vous trouvez dans un espace forestier alors qu'un orage se déclenche subitement et que l'orée du bois est trop éloignée pour en sortir rapidement, localisez une zone de buissons pour vous y réfugier en attendant la fin des intempéries.

On apprend moins souvent aux enfants comme aux adultes à s'éloigner des vastes surfaces découvertes. Et pourtant, lors des orages, il est tout aussi dangereux de s'y attarder. Au milieu d'une pairie dépourvue d'arbres ou encore d'une très large place sans arbres ni poteaux au sein d'une grande ville, la seule pointe qui s'en détache, c'est le buste et la tête de l'humain qui s'y tient debout. Chaque année, des personnes sont foudroyées de cette manière.

La solution. Soit, vous vous en éloignez rapidement. Soit, si l'espace autour de vous est désespérément plat à perte de vue (plaine de rocaille, pâturage sans limites...) le minimum est de vous accroupir. Le mieux étant de s'allonger jusqu'à ce que l'orage se calme.

Ne jouez pas au malin ni à l'esthète soucieux de propreté.

Dans une plaine sans arbres et hachée par la pluie des éclairs, ne croyez pas que vous échapperez à la foudre bien longtemps si restez debout. À plat ventre, vous aurez une chance de vous en sortir.

Le lit des cours d'eau après les barrages.

Le réflexe doit être immédiat. Pas de baignade ou autres amusements en aval d'un barrage. Pour des raisons de régulation du débit de l'eau, les responsables du barrage peuvent décider d'ouvrir plus largement ou totalement le système de libération de l'eau. Le niveau du fleuve ou de la rivière montera subitement et sans avertissement. Les imprudents qui se divertissent dans le lit en aval sont aussitôt emportés par la vague.

Des drames ont malheureusement montré combien il est dangereux de s'y hasarder.

En conclusion, pas de baignade ni de flânerie ou de recherche de quelque nature que ce soit après un barrage.

La mousse sur les galets à fleur d'eau.

Tout ce qui se trouve à fleur d'eau, ou un peu au-dessus ou au-dessous, sera souvent couvert d'une petite mousse. Le phénomène touche plutôt les cours tranquilles, rarement les torrents dont les eaux fougueuses ne lui laissent pas le temps de prendre assise. Autrement, la mousse gagne les rochers, les bois morts, etc. Ce qui signifie que le pied qui s'y pose dérape à haute vitesse et l'imprudent finit à plat ventre. Une chute dans les galets ou sur des roches peut occasionner des blessures plus graves que de simples contusions et quelques bleus. Donc, jetez un regard acéré sur les rochers à fleur d'eau avant d'y hasarder un pied. La même vigilance est requise pour le béton, si le cours est aménagé ou canalisé.

Expérience. Il m'est arrivé de déraper sur une dalle de béton inclinée qui se prolongeait en oblique sous les eaux peu profondes (50 cm) d'un petit affluent du Rhône. Sous l'effet de la fatigue de dix heures de marche sous un soleil de plomb, mon attention se tendait vers le bel emplacement que j'avais repéré sur la berge opposée pour y planter ma tente en oubliant de jeter un coup d'oeil sous la surface de l'eau. Subitement, j'étais propulsé comme sur un toboggan, les jambes et le derrière dans l'eau tandis que le poignet cognait fortement contre le béton. Rien de cassé, heureusement.

Cette erreur, je ne la renouvellerai plus. Vous admettrez cependant que le risque existe pour quelqu'un de non averti. Un dixième de seconde d'imprudence transforme une agréable promenade en épisode douloureux.

Donc aux approches d'un cours d'eau, n'hésitez pas à en informer vos camarades et vos enfants.

Les bocages.

Ceci concerne les grandes étendues de cultures divisées en multiples parcelles, lesquelles sont cernées par de hautes et épaisses haies infranchissables.

Du point de vue de gestion de l'espace naturel, cette configuration est excellente. Elle permet la nidification des oiseaux, elle retient la terre et brise la vitesse des vents. Pour le promeneur non averti, c'est plus houleux.

Je me suis retrouvé dans un tel agencement où chaque parcelle disposait d'une seule ouverture à travers les haies pour le passage d'un tracteur. Seulement, chacune d'entre elles s'ouvrait dans une direction différente de celle de sa voisine. Je m'y suis engagé de l'une à l'autre sans trop y porter attention. Quand je me suis rendu compte que ces voies me déviaient de ma trajectoire, j'ai voulu rebrousser chemin. J'ai eu les plus grandes peines à localiser et revenir à la parcelle de terrain initiale. Toutes se ressemblaient, les cultures, les haies, les ouvertures – un vrai labyrinthe.

Mon conseil : si vous vous aventurez dans des champs cernés de hautes haies, jetez souvent des regards en arrière et notez des détails qui vous permettront de vous repérer en cas de repli. Mieux. Inscrivez ces informations à la hâte sur un carnet. Elles peuvent vous être utiles.

Les ornières : creux et bosses invisibles sous l'herbe.

Je n'ai rencontré ce genre d'inconvénients qu'une seule fois sur un chemin de halage, mais beaucoup plus souvent sur les bas-côtés des routes à la sortie des villes.

En général, une fois la frontière d'une commune franchie, plus de trottoir. À la place, une bande de terre de largeur variable (de 50 cm à 1 m) et couverte d'une herbe parfois drue, parfois maigre. La belle unité du tapis d'herbe n'existe que pour le regard. Souvent, creux et bosses égayent toute la bande sur des kilomètres.

Selon l'avis de mes pieds et l'espacement régulier de ces bosses obliques larges de quelques centimètres, ces ornières sont certainement dues au passage de gros engins (camions, tracteurs...) lors de périodes pluvieuses. Les profondes empreintes de pneu durcies au soleil et invisibles sous la verdure sont absolument traîtresses. Impossible d'avancer à un rythme de marche rapide. Les pieds se plient, se cognent, se replient dans le sens opposé. Bref, vous devez ralentir au maximum.

Alors qu'au regard, le terrain est joliment couvert d'une herbe tendre.

L'astuce pour s'en sortir sans avoir les pieds meurtris (ou une cheville foulée en cas de chute) consiste à progresser lentement et à déterminer l'espace moyen séparant deux ornières afin de poser les pieds instinctivement sur leur crête et à marcher ainsi de bosse en bosse. C'est un rythme à trouver.

Les champs.

Dans les prairies en général, vous n'aurez pas vraiment de soucis. D'ordinaire, le terrain est uni et l'herbe est rase, car régulièrement tondues par les vaches qu'on y mène paître.

Dans les champs, c'est une autre épopée. Les pays industrialisés exploitent les champs à l'aide de tracteurs et diverses machines agricoles. Pour les céréales, par exemple, l'agriculteur laboure avec une charrue qui retourne la terre. Pour résumer la configuration, vous avez une ligne de terre surélevée (qui recueille les graines), un espace vide, une ligne de terre surélevée et ainsi de suite sur des centaines de mètres, voire des kilomètres pour les exploitations de grande taille.

Si la ligne de plantation correspond à la direction de votre marche, vous avez de la chance, vous marcherez à l'aise entre deux rangs de pousses. Autrement, c'est une horreur. Traverser de biais les crêtes et les creux des champs labourés vous secoue les pieds sur des centaines de mètres sans interruption.

Sables et graviers des pentes raides.

Il est parfois tentant de grimper sur le flanc très accentué d'une montagne pour y exercer la vigueur de ses jarrets débordants d'énergie. Surtout si des rochers dévoilent çà et là des prises attrayantes.

Avant de vous lancer, vérifiez d'abord l'état du terrain, particulièrement le revêtement du sol. Est-il de terre pleine, de roche solide ou d'autre chose ? Si la surface est recouverte de gravillons, méfiez-vous. Ce revêtement est instable et roule à la moindre pression. Votre pied va déraper et vous glisserez jusqu'en bas. À un ou deux mètres de hauteur, ce n'est pas grave. À huit ou dix, vous jouez votre vie.

À supposer que du fait de votre habileté à l'escalade, vous gardiez votre équilibre, dès lors que vous montez à plusieurs, celui placé au-dessous recevra un ruisseau de gravillons et de poussières sur la tête.

Gravières et carrières.

Aux abords des gravières, des panneaux indiquent « Attention, berges non stabilisées » ou une formulation qui s'en approche et qui alerte le promeneur sur les dangers de s'aventurer au-delà d'une ligne déterminée.

Ces panneaux d'avertissements ne sont pas toujours présents, notamment pour les anciennes exploitations abandonnées depuis une éternité.

Qu'est-ce qu'une gravière ?

C'est une carrière d'extraction de sables et de graviers, la plupart du temps au bord d'un cours d'eau. Les alluvions transportées au fil des siècles ou des millénaires par le courant d'une rivière se sont accumulées le long de ses berges. Il arrive que certaines carrières soient éloignées de plusieurs kilomètres du bord actuel de la rivière. Ceci est causé par différents facteurs. Par exemple, le cours a pu changer de lit par rapport à ce qu'il était dix mille ans plus tôt, il arrosait alors une autre partie de la région et y avait déposé longuement ses alluvions. Lorsque les sables et graviers sont vraiment loin des abords de la rivière, on les transporte sur des tapis roulants jusqu'à des péniches.

On creuse autant que la couche d'alluvions le permet, en profondeur, largeur et longueur. Il s'agit de sables et de gravillons, donc pas de terre ni de roche – rien de solide. Si quelqu'un déambule sur le bord de l'excavation, comme rien ne soutient ce sable, le poids de son corps suffit à effondrer le haut de ce cratère. Il est entraîné au fond du trou, plusieurs tonnes de sable sur la tête. La mort immédiate par écrasement ou par étouffement.

Le premier réflexe : le premier réflexe que vous devez systématiquement avoir pour vous et pour ceux qui vous entourent dès que vous remarquez un creux quel qu'il soit — ravin, cratère, excavation de n'importe quel type —, c'est d'observer l'état du terrain. Est-ce de terre, de roche ou pas ?

Votre repère principal, s'il y a des arbres c'est bon signe. Le sol est de terre et les racines longues le stabilisent. Plus les arbres sont nombreux plus la terre est emmaillée dans les racines qui la retiennent prisonnière.

Si aucune végétation ne le couvre, ou juste une herbe légère et dispersée : danger ! Pas de végétation signifie pas de terre. Soit vous êtes en face d'un socle rocheux auquel cas, le terrain est solide. Soit, il s'agit de sables, de graviers ou d'autre chose, en résumé d'éléments instables qui s'écrouleront sous vos pieds et vous précipiteront dans le cratère.

Ne croyez pas que des panneaux seront toujours en place pour vous informer du péril, ou que seules les gravières sont concernées. Et ne pensez surtout pas ce type de cratères non balisés ne se rencontre que dans des lieux reculés loin des villes.

Un exemple frappant du danger auquel on s'expose.

Pour vous en donner un aperçu, voici un exemple qui aurait pu se terminer de façon dramatique sans ma présence d'esprit.

Je devais avoir dans les 15 ans, c'était l'été, les vacances. Je me promenais dans une petite ville du nom de Trélazé (près d'Angers) par un beau temps splendide. Et voilà qu'au-delà d'une ligne de pavillons, j'aborde un espace immense et sauvage parsemé en différents endroits de petites collines de quelques mètres de hauteur légèrement boisées. Je m'émerveille. Quel magnifique terrain d'aventures et de découvertes !

J'escalade vite la première de ces « collines ». Une fois les buissons dépassés, j'arrive devant une série de vastes cratères. J'ignorais ce que c'était. Mes yeux d'adolescent inexpérimenté ne voyaient là que de larges trous à la pente extrêmement raide et au fond desquels miroitait un lac d'un bleu absolument ravissant. Une splendeur d'azur que je n'avais jamais rencontrée. Du haut des huit mètres de ce premier cratère, je n'avais qu'une idée : toucher ce lac d'azur de mes mains. La pente, bien que très prononcée n'était pas de nature à m'effaroucher. J'avais quand même l'habitude de sautiller de roche en roche sur des coteaux. J'avais noté, sans en être aucunement choqué ni alerté, l'absence totale de végétation sur les pentes de ce cratère. La nature est si prodigue en mystère que je voyais cela sans en tirer une conclusion particulière, ni penser qu'il y avait là matière à questionnement. Bien sûr, j'avais remarqué que le sol présentait un aspect un peu bizarre, sans plus. Je ne savais même pas que ceci méritait réflexion.

J'avais déjà descendu six mètres (sur les huit) de la pente quand un étrange mouvement du sol stoppa net mes gestes. Mes yeux avaient vu le haut du cratère se déplacer d'un centimètre ou deux vers l'avant, créant une mini faille qui se prolongeait en s'amenuisant jusqu'à moi.

J'ai compris à l'instant que le sol n'était pas solide comme tous ceux que j'avais arpentés jusqu'à ce jour. Je ne connaissais que la terre compacte des buttes et la roche des plateaux. Ici, rien de tel. Je n'avais jamais rencontré ce type de terrain qui n'était pas du sol, mais un amoncellement de débris sur huit mètres de haut. Par instinct, je devinais que si je descendais encore d'un seul pas, les six mètres de déblais au-dessus de mon crâne m'entraineraient au fond du lac. Un piège.

Alors, minutieusement à pas très léger (je ne pesais que 53 kg), je me suis éloigné de cette zone sur le point de basculer. Puis j'ai remonté la pente en marchant de biais et en vérifiant chaque fois que rien ne bougeait dans les déblais avant de déplacer et de reposer mon pied un peu plus haut.

Plus tard, j'ai appris qu'il s'agissait d'anciennes carrières d'ardoise, et le terrain surélevé autour de cette excavation devenue lac, des amoncellements de débris d'ardoises concassées que j'avais pris pour un sol franc et solide.

Comprenez bien, aucun panneau à l'époque n'informait du danger. Nous étions à 10 minutes de marche d'une ville. Et de plus, ce n'étaient même pas des gravières.

(Depuis, les lieux ont changé de destination, et l'on parlait de les aménager en déchetteries.)

Astuce.

En résumé, en face d'un trou quel qu'il soit (ravin, cratère, etc.), observez la nature du sol. Pas de végétation = pas de terre. Donc possibilité d'un terrain instable. Dans le meilleur des cas, vous aurez affaire à un socle rocheux. Mais cela peut aussi être une ancienne carrière dépourvue de panneaux d'avertissement, ou un déversoir de débris de chantier abandonné. Ces éléments sont susceptibles de chavirer sous un votre poids ou sous l'effet des vibrations trop vives et vous engloutir

Le soleil caniculaire.

Il a souvent été répété de se couvrir au moins d'un tee-shirt et d'une casquette au plus fort des périodes estivales et de boire convenablement. Et non sans raison.

Chaque année, l'on assiste à des accidents facilement évitables : coups de chaleur, insolations, voire des décès.

Au cours des randonnées, les heures les plus chaudes (12 h – 14 h) sont les moins propices. Si vous décidez de marcher durant ces horaires dans des lieux dépourvus d'ombre, ne jouez pas les fanfarons en arborant tête nue et torse dénudé aux rayons brûlants. Un coup de soleil sur la totalité de la poitrine et du dos vous gâchera les trois jours suivants.

En cas de forte chaleur, pour ne pas dire de fournaise, arrosez vos cheveux, mais aussi l'intérieur de votre casquette, votre crâne restera plus longtemps au frais.

Que vous soyez ou non sujet aux coups de soleil, protégez les zones découvertes de votre corps d'une huile solaire écran total. Mieux vaut un excès de prudence qu'une brûlure horriblement gênante.

Boire trop d'eau – trop vite.

Les romans se déroulant dans le désert le mentionnent régulièrement : boire goulument et d'un seul trait, alors que l'on est resté assoiffé et déshydraté des heures durant, inflige une forme d'hydrocution à l'organisme et le conduit à la mort. Ce n'est malheureusement pas une image d'Épinal.

Je l'ai expérimenté à une échelle plus modeste.

Lors d'une randonnée en pleine montagne, je parcourais un secteur d'un massif rocheux dépourvu de la moindre source. De la roche à profusion, et une gourde sèche à mon sac. Deux heures durant, sous le soleil torride de l'été, j'ai gravi et descendu les pentes. Quand enfin, j'arrivai à une fontaine, j'ai bu à foison une eau d'une fraîcheur renversante. À peine 20 secondes plus tard, mon estomac subitement dilaté et glacé commençait à se tordre douloureusement. Je me suis aussitôt rappelé ce phénomène d'hydrocution et j'ai adopté le remède adéquat à l'urgence. Avaler quelque chose de solide de façon à rétablir un équilibre dans l'estomac. Tout est rentré dans l'ordre sur-le-champ. Par la suite, vous pouvez être sûr que j'étais vigilant sur ce point.

Cet épisode vous montre combien il est absolument nécessaire de vous désaltérer à petites gorgées espacées si vous êtes amené à vivre une telle situation. Idem si vous secourez une autre personne. Elle voudra boire beaucoup et vite. Il vous faudra la restreindre et lui en expliquer la raison.

Le même raisonnement s'impose en face d'une boisson extrêmement glacée si votre corps a brûlé des heures sous la canicule en s'hydratant d'une eau tiédasse. La différence de température est telle que le phénomène d'hydrocution risque de vous foudroyer instantanément.

Donc en ces circonstances : boire à petites gorgées pour laisser son corps s'adapter à la température et laisser son estomac retrouver son élasticité.

Les chemins de fer.

La proximité d'une voie ferrée devra toujours signifier pour vous une source de danger potentiel. Inutile d'énumérer les drames de ces imprudents qui, soit ont marché imprudemment sur les voies, soit les ont traversées en écoutant de la musique ou en papotant et parlant fort. Les Unes des journaux en ont souvent décrit les terribles conséquences.

Ne marchez jamais sur les rails. Ni au bord.. Un train lancé à 150 km/h crée une telle force d'aspiration qu'il pourrait vous happer. Ne pénétrez jamais dans un tunnel de chemin de fer.

Si pour une raison quelconque, vous vous trouvez dans l'obligation de traverser une voie ferrée, d'abord faites excessivement attention à ce que rien ne se manifeste à droite comme à gauche, et traversez vite en courant. Si vous étiez en train de discuter, taisez-vous et exigez le silence de votre interlocuteur. Vous reprendrez votre conversation de l'autre côté. Toute parole ralentit le mouvement et, plus grave, empêche d'entendre ce qui se passe et ce qui roule vers vous. Un train qui s'avance, on l'entend de très loin, car les rails se mettent à chanter. Une sorte de légère vibration qui s'intensifie à mesure que le convoi s'approche. C'est une musique particulière. Les trains qui ralentissent ne créent jamais une telle vibration.

Quelles que soient les circonstances, observez la plus grande distance possible entre vous et les rails.

Si dans un cas de force majeure (on ne sait jamais : un incendie de prairie, une cuve de produits toxiques qui se répand, etc.) vous deviez longer de près un chemin de fer pour vous échapper de la zone sinistrée, faites très attention aux vibrations des rails et regardez devant et derrière vous toutes les dix secondes. Dès qu'un train s'approche, ne restez pas sur vos pieds. Couchez-vous à plat ventre le plus loin possible des rails. À plat sur le sol, vous n'exposerez aucune surface d'aspiration. Ceci, répétons-le, n'est à envisager qu'en cas d'extrême urgence où vous devez quitter une zone dangereuse et que l'unique sortie se trouve être ce petit couloir proche des rails. Dans le cours de la vie quotidienne et d'une randonnée ordinaire, vous devez rester éloigné des rails.

Les champs de maïs.

La traversée des champs de maïs constitue un désagrément en deux occasions.

1) Durant ou juste après son arrosage. L'arrosage se prolonge sur des jours et vous bénéficierez d'une bonne pluie, car les champs sont en général très vastes. De plus, le sol durant et après cet abondant arrosage sera tellement boueux que vous en aurez jusqu'à la cheville.

2) Lorsque les plantes à maturité vous dépassent la tête, les feuilles longues comme des lanières arborent une tranche si fine et râpeuse que vos bras nus seront lacérés au bout d'une centaine de mètres si vous n'y prenez garde. Il faut progresser d'une certaine manière en poussant et en écartant les feuilles par leur surface inférieure ou supérieure et non par la tranche, sinon vous finirez par vous couper la peau des mains.

Camping et bivouac.

Je parle ici uniquement du camping sauvage, c'est-à-dire en pleine nature (sauvage justement), non du passage en des campings municipaux ou privés où tout est parfaitement réglé pour le bien-être des vacanciers.

Voici une liste non exhaustive de ce qu'il faut éviter.

- Pas de camping dans les hautes herbes. Pour les deux raisons suivantes.

1) Amoncellement de rosée qui vous trempera dès que vous sortirez de la tente (voir dans ce chapitre « Risques et désagréments » la rubrique « Rosée »).

2) Profusion de petites bêtes, pas nécessairement piquantes, mais désagréables quand ils chatouillent votre cou, et surtout vives à pénétrer dans votre niche douillette. À vous de voir si au cours de la nuit la déambulation de quelques bêtes sur votre torse, votre tête ou à des endroits plus intimes ne vous gêne pas.

- Pas de campement au ras de l'eau.

En cas d'inondation due à un orage en amont ou à un lâcher de barrage au cours de la nuit, la vague risque de vous étouffer avant que vous ne soyez réveillé ou de vous emporter dans votre propre tente. Si vous devez malgré tout camper non loin d'un cours d'eau, choisissez un emplacement surélevé, très au-dessus du niveau de l'eau.

- Pas de campement au pied d'une falaise.

Dans le même esprit que précédemment, ne placez pas votre tente juste au pied d'une falaise. Qu'un morceau de roche se détache, votre crâne ne s'en remettra pas. Observez bien la constitution de la paroi. Plus elle paraît friable, plus vous devez vous en éloigner.

- Pas de campement à découvert.

Quel que soit l'endroit où vous êtes, même dans le pays le plus reculé et isolé du monde, ne campez jamais en terrain découvert à moins d'y être vraiment obligé. C'est un réflexe de prudence qui doit être instinctif. La probabilité d'une attaque lorsque vous évoluez dans une zone très isolée est quasiment nulle, ce n'est pas pour autant qu'il faille la négliger. Cherchez au moins un bosquet d'arbres assez fournis pour vous y installer. Votre mot d'ordre : aucune personne passant à proximité (promeneur ou autres) ne doit remarquer votre présence. Ainsi que je l'ai souligné, les risques sont quasi nuls, mais il suffit d'un quidam malintentionné pour transformer un paisible repos en un drame.

En pleine nature, campez à l'abri des regards : dans des bosquets, derrière des haies, entre de hauts rochers, etc. Si le terrain n'est malheureusement qu'une vaste platitude d'herbes ou de rocailles, attendez le crépuscule pour monter votre bivouac. L'obscurité aussi est un abri efficace.

- Examinez les arbres et les insectes qui s'y promènent.

Il m'est arrivé de planter ma tente sous de belles ramures. En revenant peu après, la toile était couverte d'une multitude de minuscules araignées orange d'un millimètre à peine. Les branches de l'arbre au-dessus en étaient tapissées, et le vent qui venait de se lever les faisait tomber en pluie. Désagréable de voir sa tente envahie par ces bêtes urticantes et suffisamment petites pour s'infiltrer à travers le moustiquaire.

- Examinez le sol et ses habitants.

En certains endroits, les fourmis (et autres bestioles) sont si menues qu'elles traversent les mailles du moustiquaire. Regardez bien si vous n'êtes pas non plus à proximité d'un tunnel de sortie d'un nid de guêpes. Vous vous en apercevrez vite. Les guêpes sortent du sol ou y pénètrent par des sortes de petits trous. C'est très intrigant. Vérifiez également que vous n'êtes pas sur la voie de cheminement d'une colonne de fourmis. Dans un tel cas, elles vont et viennent le long de cette ligne. Installez votre tente au-delà de leur chemin si vous ne tenez pas à les voir s'agglutiner par centaines à vos pieds, à cause de votre tente qui leur barre la route.

Astuce.

Reposez-vous une petite demi-heure sur un tapis de sol à l'endroit que vous avez choisi pour votre bivouac. Un — vous vous relaxerez de votre marche. Deux — vous repèrerez les désagréments ci-dessus mentionnés (s'ils existent) et vous repousserez votre campement alors de quelques mètres, sans avoir besoin de démonter votre installation.

- Pas de chaussettes et de chaussures laissées dehors durant la nuit : Elles seront trempées de rosée à votre réveil.

Chapitre 3

L'hygiène.

Quatre parties de votre corps nécessitent un nettoyage tous les soirs. (Ceci se conçoit pour une randonnée dans des conditions relativement normales, en cas de faibles réserves, il va de soi que vous privilégiez l'eau pour votre boisson.)

Ces quatre parties dont vous devez prendre soin et que vous devez nettoyer même en l'absence de fontaine ou de robinet sont :

- Les orteils et le bas des pieds. Ils chauffent dans l'étuve de la chaussette et de la chaussure, baignent dans la transpiration. Sans nettoyage régulier, ils peuvent donner prise à des champignons microscopiques, des mycoses.

- Les parties génitales. La peau fine de cette zone baigne aussi dans la transpiration due à la fournaise de la marche. Sans parler du frottement des sous-vêtements sur l'accumulation des sels (de transpiration) qui à la longue génère des incommodités.

- Les dents. Vous connaissez la chanson. Les débris s'accumulent, se décomposent... Rien de bénéfique pour les gencives.

- Les cheveux et le cuir chevelu. De menus insectes (voir au chapitre 2 « Risques et désagréments » la rubrique « camping-bivouac ») peuvent tomber des branches et se réfugier dans votre chevelure. Ne leur facilitez leur repas en leur offrant un nid douillet où elles s'installeront durablement et « vivront sur la bête ». Si les petites araignées orange ne font que piqueter, il est d'autres parasites plus affamés. Autant les éliminer avant que leur accroche soit indéboulonnable.

Si vous allez dans un camping organisé (municipal ou privé), le souci de l'hygiène ne se posera pas. Les installations comportent des douches. Le problème se situe lorsque vous optez pour du camping sauvage.

En pleine nature, vous n'aurez pas forcément une fontaine, une rivière ou un ruisselet à l'endroit où vous arrêterez. Il vous faudra compter sur vos propres ressources. C'est pourquoi il est sage d'avoir sur soi en permanence au moins deux litres d'eau. (Remplir ses gourdes aux fontaines potables que l'on croise de façon à toujours être approvisionné. Ou encore acheter plusieurs bouteilles d'eau dans les magasins sur son chemin.)

Lavage express à la bouteille.

Si vous vous y prenez correctement, le lavage des cheveux, dents, pieds et parties génitales, ne vous ponctionnera pas plus d'un demi-litre. En voici la technique.

- Pour le shampoing, mouillez d'abord votre crâne. Dix centilitres suffisent (je parle davantage pour les cheveux courts tels que je les porte en randonnée. Les heureux possesseurs d'une longue et magnifique chevelure auront besoin de beaucoup plus d'eau). Appliquez votre shampoing habituel et frictionnez en profondeur. Attardez-vous à malaxer vos cheveux assez longtemps pour vous assurer d'y avoir délogé les éventuels parasites. Puis, rincer par petites lampées la tête penchée en avant pour que le shampoing ne ruisselle pas sur votre cou.

- Pour les pieds et les parties génitales, la procédure est

plus simple. Vous humectez la peau. Vous passez le savon, vous frictionnez et vous lavez le savon en versant l'eau de votre bouteille par petits filets pour ne pas la gaspiller.

- Pour les dents, une fois que vous les avez brossées une seule lampée vous débarrasse du dentifrice.

N. B. Ces opérations sont réduites à ce stade minimal uniquement lorsque vous campez loin d'une prise d'eau. Sinon, évidemment une douche à grande eau retiendra votre attention. Il est important de souligner que s'il vous reste moins d'un litre d'eau, vous sauterez la partie nettoyage — car, croyez-moi, après avoir marché une journée au soleil, la nuit vous aurez extrêmement soif. La gorge vous brûlera si vous ne buvez pas. En revanche, si vous bénéficiez de cinq litres, le nettoyage sera plus poussé. Tout est fonction de la quantité disponible.

Ablutions aux fontaines.
Si vous n'avez pu entreprendre vos ablutions la veille au soir, vous croiserez probablement le lendemain sur votre chemin une fontaine. N'hésitez pas à vous asperger abondamment pour vous laver du sel et de la transpiration du jour précédent.
Adaptez vos ablutions selon le lieu. Si la fontaine se trouve au coeur d'un petit village, vous n'allez pas vous dévêtir. Vous n'utilisez de savonnette uniquement si l'installation le permet. Ne polluez pas le bassin de recueillement d'eau. Aspergez-vous à côté de celui-ci ou au-dessus de la rigole où l'eau s'évacue. Tout est affaire de bon sens et dépendra de l'installation de la fontaine.

Se laver dans les rivières.
Si jamais cela vous arrive, évitez d'utiliser une savonnette,

pour ne pas ajouter de pollutions chimiques. On peut se nettoyer très correctement à l'eau claire et se frictionner d'une poignée d'herbes ou de feuilles qui vous parfumeront naturellement. Si par chance de la menthe pousse à portée de main, son parfum vous rafraîchira.

Cette suggestion est bien sûr théorique et valable uniquement si vous parvenez à toucher l'eau de la rivière. Pourquoi ? Parce que dans les endroits réellement sauvages, ce n'est pas une entreprise aisée à cause de la différence entre le niveau de l'eau et la hauteur de la berge.

Dans les lieux domestiqués par l'homme, les accès sont multiples (souvent façonnés par les pêcheurs ou les plaisanciers, des petits chemins obliquent en pente douce jusqu'au niveau de l'eau). Ailleurs, non. Entre la berge et la surface de l'eau, vous aurez parfois un mètre ou davantage. Pas de sentier, mais une chute verticale du terrain. En vous accrochant à des racines ou la terre, vous parviendrez sans difficulté à entrer dans l'eau sans éclaboussures. Quand vous remonterez, malheureusement, il vous faudra aussi vous agripper à cette paroi de terre... qui plus est entièrement mouillé. Terre plus eau sur votre peau = de la boue sur vos mains, vos bras et une bonne partie du corps.

N'oubliez jamais, la nature véritable n'a rien à voir avec celle aménagée par l'homme.

Chapitre 4

Soins et dommages corporels.

Les Ampoules.

Je ne suis que peu sujet aux ampoules. Cela ne m'a pas empêché d'en subir le désagrément de quelques-uns lorsque j'ai descendu le Rhône.

Pour les éviter, il existe deux solutions.
1) Les chaussettes doubles. Je les mentionne par acquit de conscience, car je ne les ai jamais testées. Ces chaussettes à double tissu évitent les frottements du premier tissu sur votre peau.
2) Le sparadrap.
C'est une astuce toute simple. Avant de prendre son départ, on enroule ses orteils d'une bande de sparadrap. On protège également d'un morceau de sparadrap toutes les zones du pied sujettes aux frottements. Durant la marche, la chaussette va frotter sur le sparadrap, mais pas sur la peau. Et donc, pas de cloques, pas d'ampoules. Pour avoir mis en oeuvre cette astuce, je peux vous certifier que cela fonctionne. J'en ai moi-même été fort étonné. Il se peut que le système des chaussettes double ait découlé de cette pratique.

Soins des ampoules.

J'ai essayé les deux techniques existantes : le perçage et l'emploi d'un pansement spécial à acheter en pharmacie.

- Le pansement ne m'a porté aucun bienfait particulier. L'ampoule se regonflait aussi fortement le lendemain. Sans parler de la chaussette inutilisable. Le produit collant du pansement avait fondu et avait englué l'intérieur de la chaussette. Cela dit, peut-être y a-t-il un usage spécifique de ce pansement que je n'avais pas remarqué.

- Le perçage. Rien de bien sorcier. D'abord, lavez et désinfectez votre pied et l'ampoule. Désinfectez aussi une aiguille. À l'aide de l'aiguille, percez l'ampoule pour en faire s'écouler le liquide présent sous la peau. Important à savoir, placer un drain dans l'ampoule sinon, elle se reformera deux heures après (je l'ai malheureusement vécu). Un drain, c'est un fil qui permet au liquide de suinter hors de la cloque.

Pour ma part, j'utilisais l'aiguille comme si je devais raccommoder un tissu, c'est-à-dire avec un morceau de fil assez long dans le chas. Je faisais passer l'aiguille à travers l'ampoule. Une fois de l'autre côté l'ampoule, je tirai hors du chas un des bouts du fil, l'autre restant à l'intérieur de l'ampoule, sous la peau. Avec cette technique, plus jamais les ampoules ne se sont remises à gonfler.

- Le loup.

Non, il ne s'agit pas de l'animal, mais d'une manifestation corporelle due à un manque d'eau.

Lorsque la peau manque terriblement d'eau, en certains endroits, elle en arrive à un point extrême où elle n'est plus capable de retenir l'eau. Elle va légèrement gonfler, puis rougir et brûler comme sous l'effet d'une plante urticante, en plus fort et plus douloureux. Ces plaques brûlantes se développent de chaque côté de l'intérieur du haut des cuisses, au niveau du sous-vêtement. On pourrait croire ce phénomène causé par le frottement de l'élastique sur la peau. Il n'en est rien. C'est uniquement la conséquence d'un profond manque d'eau (à la suite à une marche sous la canicule, par exemple).

On y remédie en buvant plus que d'habitude. Toutefois, le rééquilibrage dure un peu de temps. L'expérience m'a appris qu'il faut compter plus d'une journée pour que la peau retrouve son aspect naturel et ne soit plus douloureuse (à condition de se ménager le lendemain). Si vous marchez intensément les jours suivants et toujours sous une forte canicule, la brûlure continuera pendant plusieurs jours à vous harceler sévèrement.

Le seul remède qui pour moi a été d'une efficacité redoutable et totale fut l'usage d'une crème hydratante. Je n'y croyais pas trop. Je l'avais emmené lors de mon troisième long périple, par acquit de conscience. Quel ne fut pas mon étonnement ! Dès son application, la brûlure s'est apaisée et je marchais sans être incommodée. Quelques heures plus tard, la plaque rouge avait disparu. La peau avait absorbé immédiatement toute l'eau incluse dans la crème et était redevenue normale.

- Les coups de soleil.

En montagne, n'oubliez jamais de badigeonner d'huile solaire les parties découvertes de votre corps (bras, nuque, etc.). Plus vous grimpez en altitude et plus l'atmosphère s'amenuise. Les rayons solaires sont moins freinés, filtrés ou arrêtés par la couche atmosphérique et frappent avec une intensité supérieure à celle existante au niveau de la mer.

Même les personnes habituellement peu sujettes aux coups

de soleil risquent d'en souffrir. Donc, utilisez de l'huile ou de la crème solaire écran total de façon préventive.

- Les guêpes et les frelons.

Si les abeilles sont d'ordinaire paisibles et douces, et ne vous causeront pas de souci, il n'en va pas toujours ainsi des guêpes.

Souvenez-vous que la guêpe est une chasseresse.

Eh, oui ! Dans ce monde, rien n'est simple. Les guêpes capturent les insectes pour en nourrir leurs larves (et régulent de cette manière la prolifération d'innombrables petites bêtes). À l'égal des fauves, ce sont des prédateurs qui exercent leur activité à l'échelle des insectes.

Par conséquent, si elle se sent menacée son premier réflexe est d'attaquer et de piquer celui qui la dérange dans ses évolutions.

Relativisons cependant. Le risque est minime.

De tout mon voyage le long du Rhône, je ne me suis fait piquer qu'une seule fois (sur un doigt au sud de Valence). Jamais au cours de mes autres randonnées. Même vers la fin de la Seine lorsque je suis passé par un bas-côté vrombissant de guêpes, aucune ne m'a pris pour cible.

- Les frelons.

Au sujet des frelons, leur taille les rend inquiétants. Néanmoins, ils ont leur utilité. Ils s'attaquent aux insectes trop gros ou trop armés pour les guêpes ordinaires. En fait, les frelons ne sont qu'une des espèces de guêpes existant sous notre climat.

Je n'ai aperçu qu'une seule fois un frelon. C'était un soir, lors d'une soirée de camping au bord de la Saône. Il a tourné quelque peu autour d'un verre puis s'en est retourné dans le crépuscule naissant. Sinon, jamais aucun d'eux n'a frôlé mon voisinage. Bien que le risque de piqûre soit minime, nul n'est totalement à l'abri d'un dard. Si vous partez pour une randonnée de plusieurs jours, prévoyez un désinfectant, une pince à épiler pour ôter un éventuel aiguillon ou encore ces petits instruments élaborés pour les piqûres de guêpes ou d'abeilles que l'on trouve en pharmacie.

- Serpent – vipère.

Jamais, je n'ai rencontré de serpents ou de vipères au cours de mes périples. Ce sont des animaux craintifs qui se cachent sitôt qu'ils perçoivent les vibrations des pas. Il n'empêche, lorsqu'ils ne peuvent fuir et se sentent menacés, ils mordent. Accident rarissime, mais qui arrive occasionnellement.

Si vous randonnez dans une zone connue pour sa population de vipères, voyez auprès d'une pharmacie. Elle vous proposera un ustensile destiné à aspirer le venin.

- Épines – orties – égratignures.

(Voir au chapitre 1 « Le matériel » la rubrique « Vêtements — pantalon long »)

Le port d'un pantalon est le rempart le plus efficace contre les épines et les orties. Ajoutez-y (déjà présents dans votre trousse de secours) désinfectant, compresse et sparadrap selon la gravité ou la légèreté des égratignures.

Chapitre 5

L'eau

Où en trouver si vous en manquez ?

Les fontaines. Celles comportant une plaque « eau potable »

Les mairies.
Dans les petites communes, les mairies ne sont pas ouvertes tous les jours ni toute la journée. Si d'aventure, elles le sont à votre passage, elles ne refuseront pas de vous dépanner et de vous indiquer le lavabo des toilettes où vous remplirez votre gourde.

Les particuliers.
Dans les villages, les hameaux et les fermes, les habitants vous dépanneront volontiers. Encore faut-il oser leur présenter votre demande, mais il s'agit là d'un autre sujet.

Les cimetières. Si vous ne traversez que de minuscules villages dépourvus d'épicerie et de fontaines potables et que vous ne souhaitez pas demander de l'eau aux habitants, repérez le cimetière local. Ils sont toujours pourvus d'une prise d'eau pour l'arrosage des plantes et des fleurs.

La rosée.

Ultime recours pour randonneur en situation désespérée. N'oubliez pas, au milieu de la nuit, la rosée couvre les feuilles autant qu'une averse. Vous aurez soin de rester éveillé et de récupérer cette eau si éparpillée. Si vous avez pensé à vous munir d'un petit bout d'éponge (maintenu propre dans un sachet), la récolte en sera facile et vous remplirez rapidement votre gobelet. À défaut, vous utiliserez un mouchoir ou ce dont vous disposez à portée de main.

Chapitre 6

Les bêtes

La plupart des bêtes que vous rencontrerez s'enfuiront à votre approche. Les animaux sauvages refusent en général le contact avec l'homme. Sa seule odeur les fait fuir.

Vous n'aurez probablement aucun souci. Pour en photographier l'un d'eux, vous serez même obligé de vous camoufler et de vous astreindre à une absence de bruit et à une immobilité totale. C'est dire que vous ne risquez pas une agression. Les seuls animaux qui vous attaqueront furieusement seront les moustiques et les taons.

- Vaches et taureaux.

Les vaches sont souvent très curieuses. Certaines vous suivront pas à pas le long de leur clôture ou à l'intérieur du pré si vous pénétrez dans leur enclos.

Elles sont douces et emboîtent le pas de n'importe quel humain qui se présente. Peut-être qu'à leurs yeux, tous les humains se ressemblent et prennent quiconque s'approche pour leur maître.

Si vous baguenaudez dans leur pâturage, ne vous enfuyez pas à toutes jambes en paniquant devant l'arrivée massive du troupeau, elles vous courront après. Non pour vous attaquer, mais pour être près de vous. Si vous vous éloignez à grande vitesse, elles joueront du sabot pour vous rejoindre avant que vous ne disparaissiez. Probablement, sont-elles motivées par l'angoisse de voir leur maître partir si vite et les abandonner. Elles cherchent donc à le rattraper pour être auprès de lui.

Il en va autrement des taureaux.

Astuce. Si vous devez pénétrer sur un terrain émaillé de vaches, dans le doute, faites toujours un peu de bruit avant de vous y engager, ou lancez un grand bonjour aux vaches. Si jamais un taureau s'y ébroue, vous le verrez charger en meuglant. Il ne tient qu'à vous de prendre la direction opposée. En revanche, si aucun bovidé ne s'élance brutalement, cornes en avant, le pré n'est occupé que par des vaches. Vous êtes tranquille.

N. B. Ce qui vient d'être dit concerne les vaches d'élevage que l'on rencontre d'ordinaire dans les prés. Dans les régions dédiées à la corrida, certains types de vaches sont dévolues au combat. Elles sont aussi agressives que les taureaux, car élevées et sélectionnées pour cette caractéristique. Vous les repèrerez aussitôt. Elles se précipiteront sur vous avec la douceur d'un essaim de frelons.

- Les sangliers.

Ils sont de plus en plus nombreux et il arrive qu'ils s'aventurent au coeur des villes. Je n'en ai jamais rencontré. Eux aussi évitent le contact avec l'homme.

Toutefois, ils peuvent se montrer dangereux s'ils accompagnent une famille. Le sanglier mâle protège sa femelle (la laie) et ses petits marcassins dans leur déambulation. À ce moment-là, il vous attaquera si vous esquissez un mouvement en leur direction. Le mieux est de rester totalement immobile et de laisser la famille passer et s'éloigner de vous au maximum avant de reprendre votre marche.

- Les ours.

Quelques ours ont été réintroduits dans les Pyrénées. Je n'ai jamais eu le loisir d'en croiser un. Je ne saurais donc m'exprimer sur lui.

Quoi qu'il en soit, et dans l'ignorance de ses coutumes, si j'en apercevais un, je garderais mes distances et j'éviterais d'appeler son attention par des bruits divers.

- Les Taons.

Leur caractéristique : ils piquent... et fort.

Après avoir longé sur plusieurs kilomètres un bois infesté de taons, je peux vous assurer que si vous êtes la seule « peau » gorgée de sang des alentours, ils s'abattront en nombre et ne vous lâcheront pas.

À vous de manier adroitement la casquette pour les chasser de votre cou, de vos bras, etc. N'hésitez pas à en fracasser quelques-uns au passage... eux, ne vous feront aucun cadeau. Vous découvrirez vite que leur piqûre est supérieure à celle des moustiques.

Je ne connais pas de répulsif aux taons. J'ai bien peur qu'en cas d'attaque de leur part, il ne vous reste que la méthode du « bon coup de casquette sur leur tête ».

- Les moustiques.

Inutile de dépeindre ces charmantes voltigeuses. Sous les climats tempérés, leurs vrombissements meublent surtout les heures déclinantes du jour et les nuits chaudes.

J'ai entendu parler de l'essence de citronnelle qui serait un répulsif contre leur visite. Je ne l'ai jamais testée.

Astuce. Le seul remède qui me fut efficace s'avéra être la moustiquaire de mon bivouac. Pour ceux qui souhaitent évoluer dans un espace plus large que leur tente sans être dérangés par les moustiques, des magasins vendent des voiles de moustiquaire d'une taille plus vaste que celle d'un lit. Poids et encombrement : très faibles. En des zones infestées de moustiques, une ou deux de ces moustiquaires posées sur des piquets vous permettront d'apprécier le paysage et la douceur d'une nuit sans aucun désagrément.

Conclusion.

Vous voici désormais armé d'un enseignement que j'ai acquis par le biais de mon expérience au fil du terrain.

J'ai voulu partager avec vous ce qui m'a vraiment été utile, et vous faire part aussi des mésaventures, de sorte que vous puissiez à votre tour entreprendre une expédition – de courte ou de longue durée selon votre convenance – mais en sachant pleinement le type de difficultés susceptibles de survenir et la façon de les surmonter ou de les prévenir.

Que ce soit dans vos promenades ou vos expéditions à venir, je vous souhaite bon vent et bonne route.

Citation de Patrick Huet.

L'avenir vous appartient. Quel que soit ce qui est arrivé dans le passé, quel que soit ce qui se passe aujourd'hui, vous avez toujours en vous la possibilité de créer un autre futur.

Actualités et nouveautés.

Pour être tenu au courant des nouvelles parutions et des nouveautés de Patrick Huet, demandez votre inscription à son club, le « PH Club ». Adresse : Patrick Huet, 73 rue Duquesne 69006 Lyon. Ou par téléphone au 04 78 03 22 36 ou au 06 99 71 69 69. Ou encore par mail via son site (patrickhuet.net).

Du même auteur

Thème du voyage, nature et découverte.

- Le Rhône à pied du glacier à la mer. (*Guide touristique*)
- La Seine à pied de la source à la mer. (*Album photo et description des bords de Seine*)
- Le fabuleux passé des sources de la Seine. (*Document)*
- *Séquana, nymphe ou déesse de la Seine ?* (Document)
- Descente de la Saône à pied, histoire d'un Fleuve-trotteur. (*Carnet de voyage*).

Romans.

- La traversée de la Manche à pied et en scaphandre.
- Les Hortours - dans l'enfer de la jungle.
- Petite Fleur des Champs et la Pierre de Soleil.
- Petite Fleur des Champs et la Perle de Lune.
- Petite Fleur des Champs et le Cristal de Lumière.

Nouvelles.

- Les Belles histoires du Lyonnais des temps jolis.
- **Merveilles et Mystères.**
  (*Recueil d'histoires mystérieuses qui se sont réellement passées.*)

Poésie.

- Déclarations d'amour.
- Extraits choisis du poème d'un kilomètre de long.
- Des parcelles d'espoir à l'écho de ce monde.
- Le Distique des prénoms.
- Une Belle à marier.